Brandon Brown hace trampa

Cover and Chapter Art by
Robert Matsudaira

by

Carol Gaab

ISBN: 978-1-945956-71-3

2 Stonewood Drive, Freeport, Maine 04032
info@FluencyMatters.com • FluencyMatters.com

A NOTE TO THE READER

This fictitious Comprehension-based™ reader is based on 100 high-frequency words in Spanish. It contains a *manageable* amount of vocabulary and numerous cognates (words that are similar in two languages), making it an ideal first read for beginning language students.

There are two versions of this book under one cover. The past tense version is narrated completely in the past, with dialogue in the appropriate tense. The present tense version is narrated in present tense with dialogue in the appropriate tense.

All vocabulary is listed in the glossary at the end of each version. Keep in mind that many verbs are listed in the glossary more than once, as most appear throughout the story in various forms and tenses. (Ex.: I go, he goes, let's go, etc.) Vocabulary that would be considered beyond a 'novice-low' level is footnoted within the text, and the meaning given at the bottom of the page where the expression first occurs.

The opinions and events in this story do not reflect or represent the opinions or beliefs of Fluency Matters. This reader is intended for educational entertainment only. We hope you enjoy reading it!

Índice

**THIS IS THE
PAST TENSE VERSION OF
*Brandon Brown hace trampa.***

**TO READ THIS BOOK IN
THE PRESENT TENSE,
TURN BOOK OVER AND READ
FROM BACK COVER.**

Capítulo 1
El nuevo estudiante

– Este documento es muy importante porque tiene todas las precauciones necesarias –les dijo el director de la escuela a un grupo de maestros.

El director parecía nervioso. Hablaba con voz muy seria.

– ¡Es importante estar alerta! No quiero

un desastre en mi escuela –les dijo con voz firme.

Curioso, Brandon observó al grupo. El director les dio un paquete de papeles a los maestros. En la parte del frente del paquete decía: «Liam Bradley - CONFIDENCIAL». A Brandon le pareció que era una situación importante… una situación seria. Se preguntó: *«¿Liam Bradley? ¿Por qué es necesario estar alerta?»*.

El director continuó hablando:

– Este paquete tiene información e instrucciones importantes. Guarden el paquete. La información es confidencial.

En ese momento, la secretaria notó que Brandon lo estaba observando todo. Ella estaba irritada.

– Brandon –le dijo la secretaria con voz firme–. ¿Qué quieres?

–Tengo mi formulario médico –le respondió Brandon, un poco alarmado.

Brandon le dio el formulario a la secretaria.

Entonces, salió de la oficina y fue a la clase de inglés. Su amigo, Jake, ya estaba en la clase.

– Por fin llegas –le dijo Jake–. ¿Dónde estabas?

– Estaba en la oficina. Tenía que darle mi formulario médico a la secretaria –le respondió Brandon.

Jake notó que Brandon no estaba contento.

– ¿Qué pasa? –le preguntó Jake–. Pareces irritado.

– El director estaba en la oficina hablando con un grupo de maestros. Les dijo que hay una situación seria en la escuela, que es importante estar alerta.

– ¿¡En serio!? –le respondió Jake sorprendido.

– Sí, en serio. El director les dio[1] unos paquetes de papeles. Los paquetes decían «Liam Bradley, confidencial». Y el director les dijo: «¡Es importante estar alerta! No quiero un desastre en mi escuela».

En ese momento, la señora Smith entró a la clase. Tenía el paquete confidencial.

– Ella estaba en la oficina –le dijo Brandon–. Ella era parte del grupo en la oficina. Mira. Ella tiene el paquete confidencial.

– ¡Qué interesante! –le respondió Jake.

Brandon y Jake miraron el paquete y se preguntaron: *«¿Qué dicen los papeles?»*.

____
[1] *les dio - he gave them*

– Es posible que Liam tenga un problema –dijo Jake.

– O es posible que quiera causar un problema –respondió Brandon.

Entonces, la maestra habló:

– Hola, clase –les dijo la maestra–. Quiero presentarles a un estudiante

nuevo. Se llama Liam Bradley. Liam es un estudiante internacional. Llegó de España.

¡Brandon y Jake estaban sorprendidos! «*¡Liam Bradley!*», se dijo Brandon. Jake y Brandon se miraron el uno al otro.

Entonces, miraron al estudiante nuevo. Lo observaron atentamente. A Jake y a Brandon no les pareció un estudiante adolescente. ¡Les pareció que Liam era un adulto! También les pareció que Liam era una persona muy seria y que su apariencia era muy formal. Eso[2] no era normal para un estudiante en el 7° (séptimo) grado.

Brandon y Jake pensaron que Liam era una persona sospechosa[3]. Querían investigar a Liam y querían investigar el paquete con la información.

[2]*eso - that*
[3]*sospechosa - suspicious*

Capítulo 2
Los secretos

Después de clases, Brandon y Jake fueron a la casa de Brandon. Entraron al dormitorio de Brandon y hablaron sobre el estudiante nuevo.

– ¿Qué pasa con el estudiante nuevo? A todos los maestros les gusta mucho. ¿Por

qué todos están impresionados con él?
–le preguntó Jake irritado.

– Porque él es muy inteligente. Y también porque que él actúa como un adulto.

– La maestra dice que es un estudiante internacional, pero a mí no me parece –dijo Jake con voz sospechosa.

– ¡Exacto! Es más probable que él sea un espía[1] internacional.

– Es obvio que Liam tiene un secreto, pero ¿qué puede ser? –le dijo Jake.

Brandon y Jake hablaron sobre todas las posibilidades. Querían hacer una investigación para revelar su identidad real y su secreto confidencial.

Después de unos minutos, la conversación sobre el estudiante nuevo se convirtió en una conversación sobre videos. Jake tenía un canal en YouTube y quería que Brandon mirara su video nuevo.

[1] espía - spy

– Brandon, te va a gustar mi video nuevo. Vamos a mirarlo.

Jake y Brandon miraron el video.

– ¿Te gustó el video? –le preguntó Jake.

– Obvio –le respondió Brandon.

Brandon y Jake miraron varios videos y entonces Jake decidió hacer otro video. Jake imitó al estudiante nuevo y, con voz cómica, dijo:

«Hola. Soy Liam. Estoy en el 7° (séptimo) grado. Tengo un secreto. El secreto es: Tengo 35 (treinta y cinco) años. Soy un adulto en el 7° (séptimo) grado».

Brandon miró a Jake y pensó que él era muy cómico. «Ja, ja, ja». Brandon y Jake miraron el video. «Ja, ja, ja, ja, ja». Pensaron que el video era muy cómico. Ellos estaban mirando el video cuando la madre de Brandon los interrumpió. Ella entró al dormitorio y notó que Brandon y Jake estaban mirando videos.

– ¡No más videos! –le dijo su mamá enojada–. Si tú y Jake no van a estudiar, Jake tiene que regresar a su casa.

– Sí, mamá. Vamos a estudiar ahora.

La madre de Brandon salió del dormitorio. Brandon no quería problemas y le dijo a Jake:

– Tengo que estudiar ahora. Mis padres no están contentos porque en este momento tengo una 'C-' en la clase de inglés.

– Está bien. Ya me voy.

Jake no quería estudiar y decidió regresar a su casa. Brandon pasó 2 horas en su dormitorio, pero no estudió mucho. Miró videos en el celular y habló con Jake por textos.

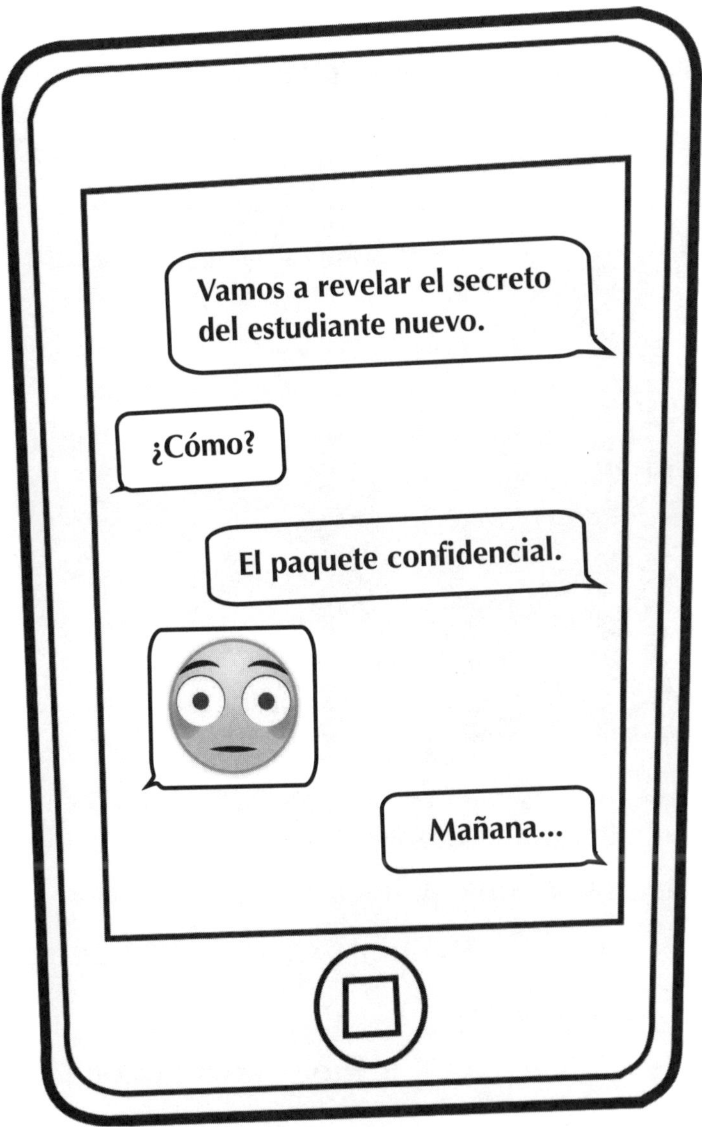

Vamos a revelar el secreto del estudiante nuevo.
¿Cómo?
El paquete confidencial.
Mañana...

Capítulo 3
El plan

En la mañana, Brandon salió para la escuela. Jake estaba frente a la casa.

– Vamos. ¡Rápido! –exclamó Jake con entusiasmo.

– ¿Qué pasa? –le preguntó Brandon curioso.

–Tengo un plan. Voy a distraer a la maestra y tú vas a mirar el paquete confidencial.

Brandon estaba nervioso. Los planes de Jake normalmente le causaban muchos problemas. Ellos llegaron a la escuela y entraron a la clase de inglés. Cuando entraron, la maestra los miró sorprendida.

– ¡Qué sorpresa! –exclamó la maestra–. ¿Decidieron hacerse estudiantes dedicados?

En ese momento, el nuevo estudiante entró. La maestra estaba contenta. Ella habló con Liam e ignoró a Brandon y a Jake. Después de pocos minutos, la maestra se preparó para la clase. Entonces, le dijo a la clase:

–Vamos a hacer un examencito sorpresa.

– ¡Ay, ay, ay! Noooooo –dijeron los estudiantes.

La maestra miró a Liam y le dijo:

– Liam, tú eres un estudiante nuevo, no tienes que hacer el examencito.

– Gracias, señora –le respondió Liam con voz tímida–. Quiero hacerlo… si me lo permite.

«¿Él quiere hacer el examen?», pensó Brandon. *«Esto[1] no es normal. ¿Por qué Liam quiere hacer el examen?»*.

[1] *esto - this*

La clase hizo el examencito. A Brandon y a Jake el examencito les pareció difícil, pero a Liam no. Liam hizo el examencito muy rápido y estaba muy contento. Le dio su papel a la maestra. La maestra estaba muy impresionada y le dijo:

— Liam, tú eres un estudiante muy inteligente. ¡Eres un estudiante maravilloso!

Jake y Brandon no estaban impresionados. Jake miró a Brandon e indicó que ya era el momento de iniciar el plan. Era el momento perfecto para la distracción. Llamó a la maestra y le preguntó:

— ¿Puede explicarme la número 4?

Irritada, la maestra fue a hablar con Jake. Después, Brandon agarró su examen y fue al escritorio[2]. ¡Estaba nervioso! No quería llamar la atención de la maestra. Brandon la observaba. Ella hablaba con Jake.

---

[2]*escritorio - desk (teacher or adult desk, not student desk)*

Brandon continuó mirando a la maestra y no el escritorio. Nervioso, Brandon agarró unos papeles. En ese momento, la maestra miró a Brandon y se enojó:

– Brandon, ¿qué haces? ¿Por qué tienes los exámenes? –le preguntó la maestra con sospecha.

Brandon estaba confundido. *«¡¿Los exámenes?!»*, pensó Brandon sorprendido. *«¡¿No agarré los documentos confidenciales?!»*. Brandon estaba muy nervioso. No le respondió a la maestra.

– Brandon Brown, ¿intentas hacer trampa[3]? –le preguntó la maestra.

[3]*intentas hacer trampa - are you trying to cheat*

– Aaa… ¡no! –le dijo Brandon nervioso.

Brandon quería darle una excusa a la maestra, pero no pudo inventar una excusa rápidamente. ¡Estaba en problemas!

Capítulo 4
¿Criminal o delincuente?

Brandon estaba nervioso. La maestra de inglés estaba enojada. Brandon fue a sus otras clases, pero no pudo concentrarse. Pensaba en la situación. La maestra de inglés estaba muy enojada. Si ella llamaba a sus padres, ellos iban a estar furiosos. Brandon pensó: *«Necesito una excusa del porqué agarré los exámenes. Necesito una excusa lógica, una excusa excelente».*

Brandon quería hablar con Jake. Jake tenía un talento especial para inventar excusas. En la clase de ciencias, Brandon le dijo:

– Jake, necesito una excusa del porqué agarré los exámenes.

– Aaaa… ¿Por qué no le dices que agarraste los exámenes por accidente… que querías robar los papeles confidenciales? Ja, ja, ja –le dijo Jake.

– Jake –le dijo Brandon irritado–, tengo serios problemas. Necesito una excusa.

Brandon y Jake pasaron toda la clase pensando en excusas. Por fin, Jake inventó una excusa perfecta: «Agarraste los exámenes para organizarlos». A Brandon le gustó la excusa. Brandon preparó su explicación en caso de que la maestra llamara a sus padres.

A las 3:00 p. m., la escuela terminó. Brandon estaba nervioso. No quería regresar a casa. En ese momento, hubo un anuncio: *«Brandon Brown, a la oficina. Brandon Brown, a la oficina»*, dijo una voz seria. *«¡Ay, no!»*, pensó Brandon nervioso. *«¡La maestra le informó al direc-tor!»*, se dijo con pánico.

Nervioso, Brandon entró a la oficina. La maestra estaba en la oficina con el director. Ellos estaban hablando. A Brandon le pareció que estaban muy enojados.

– Brandon, ¿intentaste[1] hacer trampa? –le preguntó el director.

– No, señor –le respondió Brandon nervioso.

– Si no, ¿por qué tenías los exámenes?

Brandon tenía su excusa preparada. Él actuó inocente y le respondió al director:

– Para organizar los exámenes.

El director hizo una pausa y miró a Brandon. Al director le pareció que Brandon estaba actuando sospechosamente. Brandon estaba muy nervioso. Pensó: *«Hacer trampa es un acto des-honesto, pero robar papeles confidenciales ¡es*

[1]*intentaste - did you try; did you attempt*

un crimen! ¿Prefiero tener la reputación de ser un delincuente o de ser un criminal?».

El director continuó mirando a Brandon. La maestra también lo miraba. Hubo silencio. *«¿Qué hago[2]?»*, pensó Brandon estresado. Después de unos minutos de silencio, el director le dijo:

– Está bien, Brandon. Puedes salir.

Brandon estaba sorprendido. *«¿Puedo salir?»*, pensó Brandon sorprendido. *«¡Qué excusa excelente! Me escapé de este problema»*. Contento, Brandon salió de la oficina y regresó a casa.

[2]*¿Qué hago? - What do I do?*

Capítulo 5
Mensajes problemáticos

Brandon llegó a su casa y estaba un poco nervioso. *«Pienso que todo salió bien con el director»*, se dijo Brandon. *«¿Pero realmente todo está bien?»*. Brandon entró silenciosamente a la casa y observó a su madre. *«No me parece que esté enojada»*, se dijo Brandon. Brandon decidió hablar con ella. Quería determinar si todo estaba bien.

– Hola, mamá –le dijo Brandon nervioso.

– Hola, Brandon. ¿Cómo te fue[1] en la escuela?

– Bien –le respondió Brandon nervioso.

Brandon habló un poco más con su madre. Le pareció que su madre no tenía idea de su conversación con el director de la escuela. *«¡Excelente!»*, pensó Brandon.

– Tengo que estudiar –le dijo Brandon y fue a su dormitorio.

Brandon estaba en su dormitorio cuando recibió un texto de Jake:

[1] *¿Cómo te fue? - How did it go for you?*

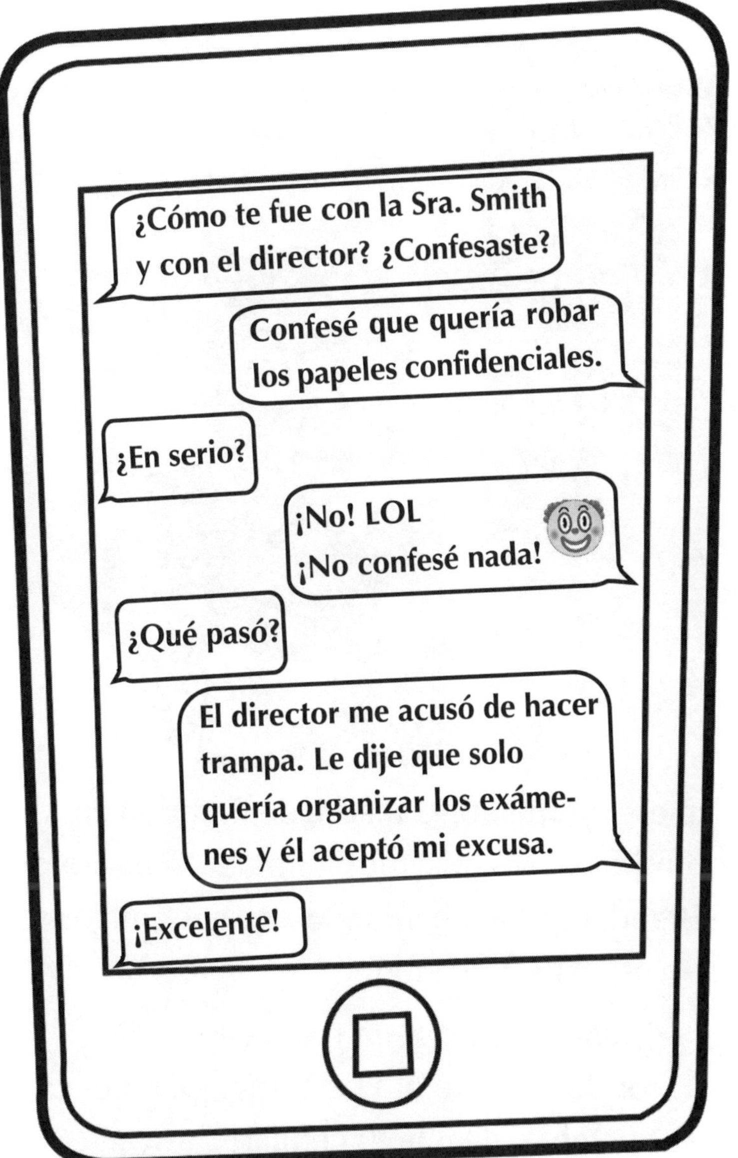

¿Cómo te fue con la Sra. Smith y con el director? ¿Confesaste?
Confesé que quería robar los papeles confidenciales.
¿En serio?
¡No! LOL
¡No confesé nada!
¿Qué pasó?
El director me acusó de hacer trampa. Le dije que solo quería organizar los exámenes y él aceptó mi excusa.
¡Excelente!

En ese momento, la madre de Brandon entró al dormitorio. ¡Estaba muy enojada! Ella notó que Brandon estaba hablando con sus amigos y que no estaba estudiando.

– Brandon, ¡recibí un mensaje del director de la escuela! Hacer trampa no es tolerable. ¡Dame tu celular!

«*¡Ay, no!*», se dijo Brandon con pánico.

– Pero... ¡mamá! –exclamó Brandon.

– No hay excusas. Tener un celular es un privilegio. Un tramposo no tiene privilegios. ¡Dame el celular!

Brandon no tenía opción. Brandon le dio su celular a su madre y, enojada, su madre salió con el celular. *«¡Qué problema!»*, pensó Brandon estresado. Brandon pensó en la información que había en los textos. *«Tengo que borrar[2] los textos!»*, se dijo Brandon.

[2]*borrar - to erase*

Capítulo 6
Una misión importante

Brandon salió de su dormitorio en silencio. Quería investigar dónde estaba su celular. Estaba determinado… ¡Tenía que borrar los mensajes de texto! Cuando Brandon salió de su dormitorio, su madre estaba hablando por teléfono. Ella hablaba con su padre. Brandon se imaginó que ella le estaba informando sobre la situación en la clase de inglés.

Silenciosamente, Brandon pasó por la casa. *«¿Dónde está mi celular?»*, se preguntó. Nervioso, Brandon entró al dormitorio de sus padres. Brandon estaba súper nervioso. Pasó por el dormitorio y por fin, localizó su celular. Rápida-

mente, Brandon agarró el celular y, justo en ese momento, su madre entró al dormitorio.

   – Brandon, ¿qué haces? –le preguntó su madre enojada.

   – Aaa… nada… –le respondió Brandon con pánico.

   – A tu dormitorio… ¡AHORA!

¡La mamá de Brandon estaba furiosa! Brandon regresó a su dormitorio y estaba súper estresado. Se imaginó que ahora tenía el doble de problemas. *«¡Ay, ay, ay!»*, pensó Brandon. *«¡Es importante borrar los mensajes!»*.

Una hora después, el padre de Brandon regresó a casa. Brandon no quería salir de su dormitorio. No quería hablar con su padre.

   – ¡Braaaaaandon! –llamó su padre enojado.

Brandon estaba nervioso. Salió de su dormitorio para hablar con su padre. Su padre le habló durante una hora sobre la importancia de la honestidad, la integridad y la educación. Al final, su padre decidió que Brandon no podía salir de la casa y que no podía tener su celular por 5 días.

Brandon pasó el resto del día en su dormitorio pensando en los mensajes de texto. Sus problemas iban a ser más serios si sus padres tenían acceso a sus mensajes de texto.

En la mañana, Brandon salió para la escuela.

Jake estaba frente a la casa.

– ¿Qué pasa, Brandon? ¿Por qué no respondiste mis mensajes de texto?

– ¡Ay, no! –exclamó Brandon–. Mi madre me confiscó[1] el celular. ¿Qué dijiste[2] en los mensajes?

– Un poco de todo –le respondió Jake.

– Dame tu celular –le dijo Brandon con pánico.

Brandon agarró el celular de Jake y estaba en estado de shock. ¡Los mensajes ya no estaban en el celular!

– Ya borré los mensajes.

– ¡Noooooo! –exclamó Brandon ansioso.

En ese momento, Brandon notó que su madre estaba saliendo. Ella salió y Brandon decidió regresar a la casa.

---

[1]me confiscó - *she confiscated; she took it away*

[2]¿Qué dijiste? - *What did you say?*

Entró rápidamente a la casa y fue al dormitorio de su madre. Entró al dormitorio y agarró su celular para borrar los mensajes. *«¡Noooooooooooooo!»*, se dijo Brandon desesperado. El celular no funcionaba... no tenía batería. No era posible borrar los mensajes.

Capítulo 7
El examen

Durante 5 días, Brandon no pudo hablar con Jake por textos y no pudo salir de la casa. Estudió más de lo normal porque no tenía nada más qué hacer.

El día del examen semestral de la clase de inglés, Brandon salió para la escuela. Jake estaba frente a la casa.

– Hola.

– ¿Qué pasa? ¿Estudiaste? –le preguntó
Brandon.

– Un poco. ¿Y tú?

– Sí, pero no mucho para la clase de inglés. Prefiero la clase de matemáticas.

Brandon y Jake llegaron a la escuela y fueron a la clase de inglés. Entraron a la clase y la maestra les dio el examen.

– ¡Excelente! –dijo Jake mirando el examen–. Prefiero los exámenes de opción múltiple.

– Yo también –dijo Brandon nervioso.

Todos los estudiantes hicieron el examen. Brandon intentó[1] hacer el examen, pero era muy difícil. También era difícil para Jake.

[1] *intentó - he tried*

Brandon y Jake se miraron el uno al otro. Entonces, Jake miró a Liam. Notó que Liam estaba haciendo el examen muy rápido.

Jake llamó la atención de Brandon. Brandon miró a Jake y después miró a Liam. Brandon estaba nervioso. Jake quería que él copiara el examen de Liam. Desesperado, Brandon decidió

hacer trampa. Miró el examen de Liam para copiarlo. Lo miró con intensidad y memorizó el orden de las letras: A, D, B, B, C, A, C, D, A, A, B. Brandon copió todas las letras.

Liam terminó rápidamente y le dio su examen a la maestra. Poco después, Brandon también terminó, pero no le dio su examen a la maestra. Jake miró el examen de Brandon y, justo en ese momento, la maestra lo miró.

– Jake, no mires el examen de Brandon

–le dijo la maestra enojada.

Jake ya no pudo copiar el examen de Brandon. Él estaba frustrado. ¡El examen era muy difícil! Poco a poco, los estudiantes terminaron el examen. Jake intentó hacerlo, pero no pudo.

Después de pocos minutos, la clase terminó. «¡Driiiin!». Brandon y los otros estudiantes le dieron sus exámenes a la maestra. Todos –con excepción de Jake– se prepararon para salir de la clase. Los estudiantes estaban saliendo y la maestra les dijo:

– Adiós. Hasta mañana[2].

– Adiós –le respondieron los estudiantes.

Jake observó la situación: la maestra estaba hablando con los otros estudiantes. Ella lo estaba ignorando.

Jake miró los exámenes. Todos los exámenes estaban en el escritorio de la señora Smith. Jake fue al escritorio y, rápidamente, agarró el examen de Liam. ¡Estaba nervioso! No quería llamar la atención de la maestra. Rápidamente, Jake borró 'Liam' del examen.

Brandon observó a Jake y ¡estaba sorprendido! Notó que Jake estaba borrando 'Liam' del examen. También notó que el examen de Jake no decía Jake. ¡El examen de Jake decía 'Liam'! ¡Jake estaba robando el examen de Liam!

[2]*hasta mañana - until tomorrow (see you tomorrow)*

Capítulo 8
Acusaciones

Después de la escuela, Brandon regresó a casa. Entró a la casa silenciosamente. No quería hablar con su madre. Fue directamente a su dormitorio. Poco después, su madre lo llamó:

– Braaaaandon.

Brandon fue a hablar con su madre.

– ¿Cómo te fue en los exámenes? –le preguntó su madre.

– Bien –le respondió Brandon nervioso.

– Parece que estás frustrado –le dijo su madre–. Si te fue bien, puedes tener tu celular.

– Mañana nos van a dar las notas[1] –le dijo Brandon.

Brandon regresó a su dormitorio. ¡Estaba muy ansioso! Pasó el resto del día en su dormitorio. Pensó en los exámenes y en tener su celular. Brandon no estaba contento. Quería hablar con sus amigos y quería mirar videos. Jake hacía videos excelentes y a Brandon le gustaba mirarlos.

[1] notas - grades

En la mañana, Brandon salió para la escuela. Estaba un poco sorprendido porque Jake no estaba frente a la casa. Brandon llegó a la escuela y entró a la clase de inglés. Jake ya estaba en la clase… ¡y su madre también! *«¡Ay, no!»*, pensó Brandon alarmado. Era obvio que Jake tenía un problema serio. Jake estaba muy nervioso y ¡su madre estaba furiosa!

La maestra habló con la madre de Jake durante pocos minutos. Fue una conversación muy tensa. Entonces, Jake salió con su madre. ¡Estaba suspendido!

¡La maestra estaba muy enojada! Ahora Brandon estaba súper nervioso. Pensó: *«¿Es obvio que yo también hice trampa?»*. Los estudiantes no hablaban. Todos estaban nerviosos. La clase estaba completamente en silencio.

Brandon observó a la maestra y se preguntó: *«¿La maestra está mirándome a mí? ¿Es mi imaginación?»*. Por fin, la maestra interrumpió el silencio y llamó la atención de los estudiantes:

– Corregí los exámenes.

La maestra hizo una pausa y miró a Brandon. Parecía que ella estaba contenta. Ella continuó hablando sobre los exámenes:

– A muchos estudiantes les fue muy bien, pero a unos pocos, no... no les fue bien.

Brandon ya no estaba nervioso. Pensó: «*Copié el examen de Liam, y Liam es muy inteligente. Probablemente me fue muy bien. Ja, ja, ja*». La maestra le dio su examen a Liam.

– ¡Excelente, Liam! –le dijo la maestra con entusiasmo.

– Gracias –le respondió Liam tímidamente.

«Excelente», se repitió Brandon. *«Me fue excelente. Por fin… ya puedo tener mi celular»*, pensó Brandon. Él estaba muy contento.

La maestra continuó dándoles los exámenes a los estudiantes. Le dio su examen a Brandon. Brandon miró su examen en estado de shock. *«¡¿Una D?!»*, pensó Brandon. *«¿Cómo es posible?»*. Era obvio que la maestra estaba enojada.

Ella miró a Brandon y le dijo:

– Es obvio que no estudiaste. Voy a llamar a tu madre.

Brandon estaba confundido. *«¿Por qué recibí una D y Liam una A? ¡No es posible!»*. ¡Sus padres iban a estar enojados! Brandon pensó en las consecuencias de recibir una 'D'. ¡Iban a ser severas! Brandon ya tenía problemas porque fue acusado de hacer trampa.

Brandon fue a sus otras clases y pasó el resto del día muy estresado. No quería regresar a casa.

Después de la escuela, Brandon regresó a casa. Nervioso, entró a la casa silenciosamente. Al entrar, notó que su madre estaba hablando por teléfono.

... una 'D' en el examen semestral.

¡Ay, ay, ay! Yo pienso que Brandon necesita un tutor.

Un tutor para Brandon es una excelente idea. Tengo a la persona perfecta.

Capítulo 9
El tutor

Brandon no estaba contento. ¡No quería tener un tutor! A las 6:00 p. m., el tutor llegó a la casa de Brandon.

– Hola, Liam –le dijo la madre de Brandon.

– Hola, Señora –le respondió Liam tímido.

«¡¿Liam?!» se dijo Brandon sorprendido. Era obvio que Brandon estaba enojado. No quería tener un tutor. ¡Y absolutamente no quería estudiar con el estudiante nuevo!

Brandon y Liam fueron al dormitorio de Brandon para estudiar. Brandon no quería estudiar. Quería convencer a Liam de que revelara su secreto. Le hizo muchas preguntas a Liam:

– ¿Te gusta la escuela?

– Sí.

– ¿Te gusta estudiar?

– Sí.

– ¿Te gustaba tu escuela en España?

– Sí.

– ¿Por qué ahora tu familia está en Colorado?

– Mi padre tiene un contrato con un banco en Denver.

«Un contrato», pensó Brandon con sospecha. *«Habla como un criminal de la mafia»*.

– ¿Qué hace tu padre? –le preguntó Brandon con voz sospechosa.

– Es banquero –le respondió Liam.

Liam no hablaba mucho. Quería estudiar. Brandon no quería estudiar, pero no tuvo otra opción. Brandon y Liam estudiaron por una hora y entonces, Liam salió.

– Adiós, Liam –le dijo la madre de Brandon–. Hasta mañana.

– ¡¿Hasta mañana?! –exclamó Brandon sorprendido.

– Sí, Brandon. También vas a estudiar con Liam mañana.

Brandon estaba enojado. No quería tener un tutor y ¡no quería estudiar con Liam! Brandon sospechaba de él. Pensaba que Liam no hablaba mucho porque no quería revelar su secreto.

Brandon y Liam estudiaron durante varias sesiones de tutoría. Poco a poco, Liam hablaba más, y a Brandon ya no le parecía muy sospechoso. Después de varias sesiones, Brandon decidió que realmente no era horrible estudiar con él. Poco a poco, Brandon y Liam se hicieron amigos.

A todos los adultos les gustaba Liam. Él era muy responsable y hacía todo bien. La madre de Brandon estaba muy contenta, pero Jake no. Jake estaba irritado. A Jake no le gustaba Liam. No le gustaba que Liam y Brandon fueran[1] amigos.

Un día, después de las clases, Brandon notó que Jake estaba irritado.

    – Parece que estás enojado. ¿Qué pasa?

    – Nada –le respondió Jake irritado.

    – ¿Quieres estudiar después de las clases?

    – A causa de mi suspensión, no puedo salir de la casa –le respondió Jake.

    – ¿Y para estudiar?... Me imagino que tu madre lo permitiría[2].

    – Es posible.

Brandon regresó a casa y habló con su madre:

    – Invité a Jake a estudiar. ¿Está bien?

    – Sí, pero ¡tienen que estudiar!

[1]*que fueran - that they were*
[2]*lo permitiría - she would allow it*

– Está bien. Te lo prometo –le dijo Brandon con voz sincera.

A las 6:00 p.m., Liam llegó a la casa. Poco después, Jake también llegó. Fueron al dormitorio de Brandon para estudiar. Jake habló mucho, pero Liam no dijo nada. Liam se preparó para estudiar, pero Jake continuó hablando:

– Brandon, ¿recibiste mi nuevo video?

– ¡No! No tengo mi celular –le respondió Brandon irritado.

– Oh, sí. Mira –le dijo Jake y le dio su celular.

Jake le dio su celular a Brandon, pero había un problema... ¡No era el nuevo video! ¡Era el

video sobre Liam!: *«Hola. Soy Liam. Estoy en el 7° (séptimo) grado. Tengo un secreto. El secreto es: Tengo 35 (treinta y cinco) años. Soy un adulto en el 7° (séptimo) grado».*

Brandon miró a Liam. Era obvio que Liam no estaba contento. Brandon le dijo a Liam:

– No es nada, Liam. Jake es un payaso[3].

– Sí, no es nada –le dijo Jake con voz cómica–. Soy un payaso. Ahora, miren mi nuevo video. Les va a gustar.

Brandon notó que el video se llamaba: «Cómo NO hacer trampa». Curiosos, Brandon y Liam miraron el video. El video explicaba por qué Brandon recibió una D en el examen de inglés. En el video Jake explicó:

«La maestra hizo dos versiones del examen. El estudiante nuevo –el mini-profesor– hizo la versión A. Brandon hizo la versión B. Desafortunadamente, Brandon copió la otra versión. ¡Ja,

[3]*payaso - clown*

ja, ja!». ¡Brandon se enojó!

> – ¡Payaso! ¿Quieres causarme problemas? ¿Quieres informar a mis padres que hice trampa? ¡Ya tengo suficientes problemas!

> – ¡Cálmate, Brandon! –le respondió Jake muy contento–. Ahora eres un estudiante famoso.

> – ¡¿Famoso?! ¡¿El video está en el internet?! –le preguntó Brandon furioso.

Liam no dijo nada. Estaba un poco sorprendido, pero no estaba enojado. Jake habló mucho de su suspensión y de su video. Estaba muy satisfecho[4] con su producción. Lo hizo durante su suspensión.

> – Ya no quiero hablar más del video –le dijo Brandon estresado–. Tengo que estudiar. Mis padres no me van a dar mi celular si no tengo una 'A' o una 'B' en

[4]*satisfecho - satisfied; pleased*

todas mis clases.

Brandon estudió con Liam y Jake durante una hora. Estaban muy concentrados. Brandon estaba motivado. No quería más problemas y ¡quería tener su celular!

Capítulo 10
Secretos revelados

En la mañana, Brandon salió para la escuela. Jake estaba frente a la casa. Los dos fueron a la escuela, pero no hablaron mucho. A Jake le parecía que Brandon estaba un poco enojado.

Llegaron a la escuela y, cuando entraron,

todos los estudiantes estaban hablando sobre el video de Jake. Los estudiantes hicieron comentarios sobre el video:

- Excelente lección, Brandon. Ja, ja, ja.

- Brandon, ¡eres un tramposo inteligente!

- ¡Tramposo fantástico!

Brandon estaba enojado. Jake le causaba muchos problemas. Liam notó que Brandon estaba enojado y le dijo:

— No pasa nada, Brandon. Jake es un payaso. Ja, ja, ja.

A Brandon le gustaba tener un amigo responsable. Liam no le causaba problemas. A Brandon le gustaba Liam, pero todavía[1] sospechaba un poco de él. Parecía que él era una persona honesta, pero era obvio que tenía un secreto. Se preguntó: *«¿Liam va a revelar su secreto?»*.

Brandon, Jake y Liam continuaron las sesiones de tutoría. Después de varias sesiones, Jake también se hizo amigo de Liam. Decidió que tener un amigo inteligente era beneficioso[2].

En pocos días, Brandon ya no pensó más en el video que hizo Jake. Y ya no pensaba mucho en el secreto de Liam. Se concentró en el examen de inglés. Mañana iba a tener un examen importante. Brandon, Jake y Liam estudiaron para el examen. Brandon estaba determinado… ¡quería tener su celular!

[1]*todavía - still*
[2]*beneficioso - beneficial, useful helpful*

En la mañana, Brandon y Jake se fueron a la escuela. Llegaron a la escuela y entraron a la clase de inglés. Liam no estaba en la clase. Brandon y Jake estaban sorprendidos. Se preguntaron el uno al otro:

– ¿Dónde está Liam? No es normal que él no esté en la escuela... especialmente cuando hay un examen.

En ese momento, el director entró a la clase y con voz seria, le dijo a la maestra:

– Liam no va a estar en clase.

Entonces, ellos tuvieron una conversación en privado. Brandon y Jake estaban alarmados. Sospecharon que la situación estaba relacionada con el secreto confidencial.

Después de pocos minutos, el director salió y la maestra les dio los exámenes a los estudiantes. Jake y Brandon hicieron el examen y ¡no fue difícil!

– Increíble –exclamó Brandon emocionado–. Liam es un tutor excelente. Me fue bien en el examen y... no hice trampa. ¡Por fin, mis padres me van a dar mi celular!

–Voy a llamarlo 'Súper Tutor' –le dijo Jake–. Ja, ja, ja.

–Y vamos a llamarte a ti 'Súper Payaso' –le respondió Brandon contento.

Después de las clases, Brandon regresó a su

casa. Su madre lo miró entrar y le dijo:

– Hola, Brandon. ¿Cómo te fue en el examen?

– Excelente –le dijo Brandon emocionado–. Jake y yo vamos a continuar estudiando con Liam.

– ¡Excelente idea! –respondió su madre–. ¿Cómo está?

– ¿Qué? –le preguntó Brandon confundido.

– ¿Cómo está Liam? Su madre me dijo que le picó una abeja[3].

– ¿Le picó una abeja? –le preguntó Brandon sorprendido.

– Sí. Liam tiene una alergia muy seria. Ocurrió esta mañana al llegar a la escuela. Afortunadamente, todos los maestros estaban informados de su alergia. Todos tienen la información con

[3]*le picó una abeja - a bee stung him*

todas las precauciones. Un maestro llamó al 911 inmediatamente.

Brandon estaba sorprendido. *«¿Su secreto es que tiene una alergia?»*, se preguntó Brandon.

– No me dijo que tenía una alergia –le dijo Brandon a su madre.

– Probablemente no quería llamar la atención –le respondió su madre.

Brandon y su madre hablaron un poco más. Entonces, Brandon le dijo:

– Mamá, me fue muy bien en el examen y ¡no hice trampa! ¿Puedo tener mi celular?

– Mañana, posiblemente –le dijo su madre con voz firme–. Voy a hablar con tu maestra de inglés para confirmar que te fue bien en el examen.

– Por favor, mamá. Quiero hablar con Liam.

– Voy a pensarlo –le respondió su madre.

Entonces, Brandon fue a su dormitorio. Él era optimista y se dijo: *«Mamá está contenta ya que soy un estudiante responsable. Ella va a darme mi celular»*.

Su madre consideró todas las acciones negativas de Brandon: hacer trampa, no estudiar y recibir una 'D'. Pero también consideró las acciones positivas: se hizo amigo de un estudiante honesto y responsable, estudió mucho y se convirtió en un estudiante dedicado. Al final, decidió darle su celular a Brandon.

Su madre agarró el celular y cargó la batería. Después de cargar la batería, su madre iba a dárselo a Brandon. Ella agarró el celular y notó que había varias notificaciones de textos en el celular. Curiosa, ella miró los textos.

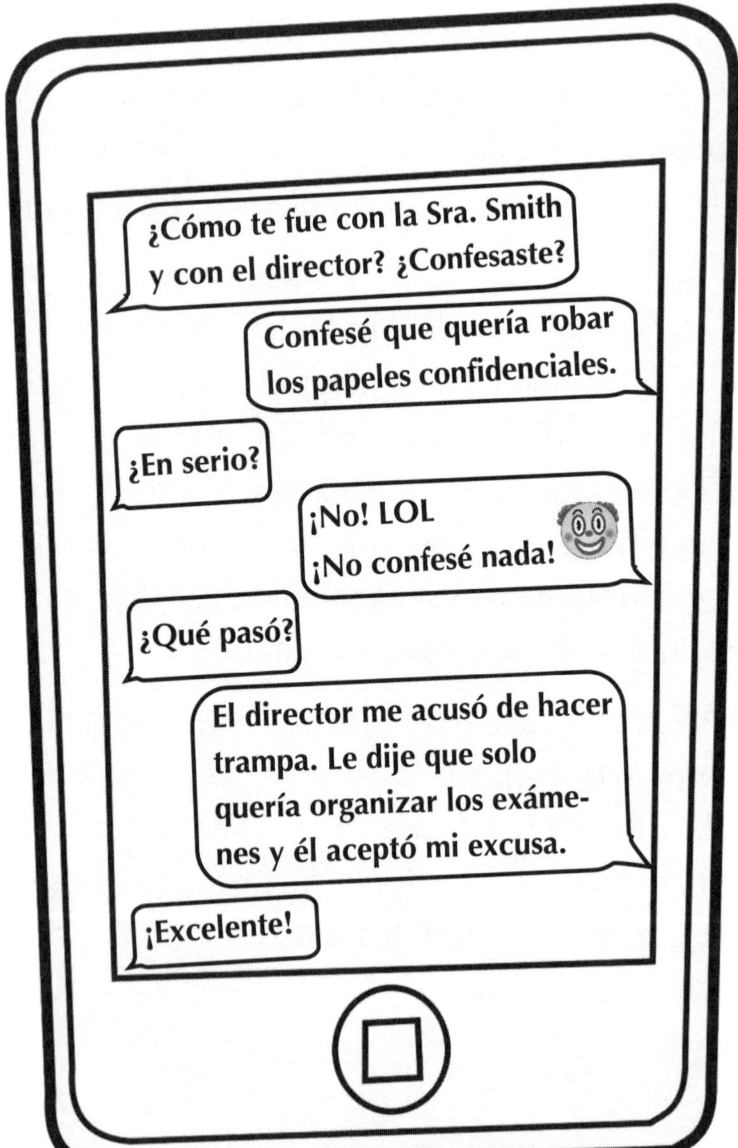

¿Cómo te fue con la Sra. Smith y con el director? ¿Confesaste?
Confesé que quería robar los papeles confidenciales.
¿En serio?
¡No! LOL ¡No confesé nada!
¿Qué pasó?
El director me acusó de hacer trampa. Le dije que solo quería organizar los exáme-nes y él aceptó mi excusa.
¡Excelente!

Ella también notó que había un video titulado: Cómo NO hacer trampa. Ella miró el video y, furiosa, llamó a Brandon.

—¡Braaaaaaannnndoon!

«¡Ay, ay, ay!», pensó Brandon. «Todos los secretos ya fueron revelados».

Glosario

A

a - at, to
abeja - bee
absolutamente - absolutely
acceso - access
accidente - accident
acciones - actions
acto - act
actúa - s/he acts
actuando - acting
actuó - s/he acted
acusado - accused
acusó - s/he accused
adiós - good bye
adolescente - teenager
adulto(s) - adult(s)
afortunadamente - fortunately
agarraste - you grabbed
agarré - I grabbed
agarró - s/he grabbed
ahora - now
al - to the
alarmado(s) - alarmed
alergia - allergy
alerta - alert

amigo(s) - friend(s)
años - years
ansioso - anxious
anuncio - announcement
apariencia - appearance
atención - attention
atentamente - attentively, with attention
ay - oh!

B

banco - bank
banquero - banker
batería - battery
beneficioso - beneficial, useful, helpful
bien - well, good
borrando - erasing
borrar - to erase
borré - I erased
borró - s/he erased

C

cálmate - calm down
canal - channel

cargar - to charge (a battery)

cargó - s/he charged (a battery)

casa - house

caso - case

causa - s/he causes

a causa de - because of

causaba - s/he, it caused

causaban - they caused

causar - to cause

causarme - to cause me

celular - cell phone

ciencias - science(s)

cinco - five

clase(s) - class(es)

comentarios - comments

cómica - funny

cómico - funny

como - like, as

cómo - how

completamente - completely

con - with

concentrados - focused; concentrating

concentrarse - to concentrate

concentró - s/he concentrated

confidencial(es) - confidential

confirmar - to confirm

confiscó - s/he confiscated

confundido - confused

consecuencias - consequences

consideró - s/he considered

contenta - happy

contento(s) - happy

continuar - to continue

continuaron - they continued

continuó - s/he continued

contrato - contract

convencer - to convince

conversación - conversation

(se) convirtió en - s/he converted; turned into

copiar - to copy

(que) copiara - (that) s/he copy

copiarlo - to copy it

copié - I copied

copió - s/he copied

corregí - I corrected

crimen - crime

criminal - criminal

cuando - when

curiosa - curious
curioso(s) - curious

D

dame - give me
dándoles - giving (to) them
dar - to give
darle - to give to him/her
darme - to give to me
dárselo - to give it to him/her
de - of; from
decía - s/he said
decían - they said
decidieron - they decided
decidió - s/he decided
dedicado(s) - dedicated
del - of the; from the
delincuente - delinquent
desafortunadamente - unfortunately
desastre - disaster
desesperado - desperate
deshonesto - dishonest
después - after
determinado - determined
determinar - to determine
día(s) - day(s)

dice - s/he says
(se) dice - s/he says (to her/himself)
dicen - they say
dices - you say
dieron - they gave
difícil - difficult
dijeron - they said
dijiste - you said
dijo - s/he said
dio - s/he gave
directamente - directly
director - director, principal
distracción - distraction
distraer - to distract
doble - double
documento(s) - document(s)
dónde - where
dormitorio - bedroom
dos - two
durante - during

E

e - and
educación - education
el - the
él - he
ella - she

ellos - they

emocionado - excited

en - in, on

enojada - angry

enojado(s) - angry

(se) enojó - s/he got angry

entonces - then

entrar - to enter

entraron - they entered

entró - s/he entered

entusiasmo - enthusiasm

era - s/he, it was

eres - you are

es - s/he, it is

escapé - I escaped

escritorio - desk

escuela - school

ese - that

eso - that

España - Spain

especial - special

especialmente - especially

espía - spy

está - s/he, it is

esta - this

estaba - s/he, it was

estaban - they were

estabas - you were

estado - state

están - they are

estar - to be

estás - you are

este - this

(que) esté - (that) s/he be

esto - this

estoy - I am

estresado - stressed

estudiando - studying

estudiante(s) - student(s)

estudiar - to study

estudiaron - they studied

estudiaste - you studied

estudió - s/he studied

exacto - exactly

examen - exam

examencito - quiz

exámenes - exams

excelente(s) - excellent

excepción - exception

exclamó - s/he exclaimed

excusa(s) - excuse(s)

explicaba - it explained, was explaining

explicación - explanation

explicarme - to explain to me

explicó - s/he explained

F

familia - family

famoso - famous

fantástico - fantastic

(por) favor - please

fin - end

final - final

firme - firm

formal - formal

formulario - form

frente - front

frustrado - frustrated

fue - s/he was, went

(cómo te fue) - how did it go for you

(que) fueran - (that) they were

fueron - they went; they were

(no) funcionaba - it didn't work, wasn't working

furiosa - furious

furioso(s) - furious

G

gracias - thanks

grado - grade

grupo - group

guarden - guard; put away

(les) gusta - it pleases (them); they like

(le) gustaba - it was pleasing to him/her; s/he liked

(les) gustaba - it was pleasing to them; they liked

gustar - to be pleasing; to like

(le) gustó - it pleased (him/her); s/he liked

(te) gustó - it pleased (you); you liked

H

había - there was; there were; had

habla - s/he talks

hablaba - s/he was talking

hablaban - they were talking

hablando - talking

hablar - to talk

hablaron - they talked

habló - s/he talked

hace - s/he makes; does

hacer(lo) - to make; do (it)

hacer trampa - to cheat

hacerse - to become (make yourself)

haces - you make; do
hacía - s/he made; did
haciendo - making; doing
hago - I make; do
hasta - until
hasta mañana - until tomorrow (see you tomorrow)
hay - there is; there are
hice - I made; did
hicieron - they made; did
hizo - s/he made; did
hola - hi, hello
honesta - honest
honestidad - honesty
honesto - honest
hora(s) - hour(s)
horrible - horrible
hubo - there was; there were

I

iba - s/he was going
iban - they were going
idea - idea
identidad - identity
ignorando - ignoring
ignoró - s/he ignored
imaginación - imagination

(se) imaginó - s/he imagined
(me) imagino - I imagine
imita - s/he imitates
imitó - s/he imitated
importancia - importance
importante(s) - important
impresionada - impressed
impresionados - impressed
increíble - incredible
indicó - s/he indicated
información - information
informando - informing
informar - to inform
informó - s/he informed
inglés - English
iniciar - to initiate
inmediatamente - immediately
inocente - innocent
instrucciones - instructions
integridad - integrity
inteligente - intelligent
intensidad - intensity
intentas - you try
intentaste - you tried
intentó - s/he tried
interesante - interesting
internacional - international
internet - Internet

interrumpió - s/he interrupted

inventar - to invent

inventó - s/he invented

investigación - investigation

investigar - to investigate

invité - I invited

irritada - irritated

irritado - irritated

J

justo - just, fair

L

la - the; her

las - the; them

le - to him/her

lección - lesson

les - to them

letras - letters

llama - s/he calls

llamaba - s/he was calling

llamar - to call

(en caso de que) llamara - (in case) s/he called

llamarlo - to call him

llamarte - to call you

llamó - s/he called

llegar - to arrive

llegaron - they arrived

llegas - you arrive

llegó - s/he arrived

lo - it, him

localizó - s/he located, found

lógica - logical

los - the; them

M

madre - mother

maestra - teacher

maestro(s) - teacher(s)

mafia - mafia

mamá - mom

mañana - tomorrow; morning

maravilloso - marvelous, wonderful

más - more

matemáticas - math

me - me; to me

médico - doctor

memorizó - s/he memorized

mensaje(s) - message(s)

mi - my

mí - me

minutos - minutes
mira - s/he looks at
mirando - looking at
mirándome - looking at me
mirar - to look at
(que) mirara - (that) s/he look at
mirarlo - to look at it
mirarlos - to look at them
miraron - they looked at
miren - look
(no) mires - (don't) you look
miró - s/he looked at
mis - my
misión - mission
momento - moment
motivado - motivated
muchas - many
mucho - a lot, much
muchos - many
múltiple - multiple
muy - very

N

nada - nothing
necesarias - necessary
necesario - necessary
necesito - I need

negativas - negative
nervioso(s) - nervous
no - no; not
normal - normal
normalmente - normally
nos - us
nota(s) - grade(s)
notificaciones - notifications
notó - s/he noticed
nuevo - new
número - number

O

o - or
observaba - s/he was observing
observando - observing
observaron - they observed
observó - s/he observed
obvio - obvious
ocurrió - it occurred
oficina - office
opción - option
optimista - optimist
orden - order
organizar - to organize
organizarlos - to organize them

otra(s) - other
otro(s) - other; another

P

padre - father
padres - parents
pánico - panic
papel(es) - paper(s)
paquete(s) - packet(s)
para - for; to, in order to
parece - s/he, it seems
pareces - you seem
parecía - s/he, it seemed
pareció - s/he, it seemed
parte - part
pasan - they pass
pasaron - they passed
pasó - s/he passed
(hizo una) pausa - s/he paused
payaso - clown
pensaba - s/he was thinking
pensando - thinking
pensarlo - to think about it
pensaron - they thought
pensó - s/he thought
perfecta - perfect
perfecto - perfect

permite - s/he permits
permitiría - s/he would permit
pero - but
persona - person
picó - it stung
pienso - I think
plan(es) - plan(s)
poco - a little; few
pocos - few
podía - s/he could
por - for
porque - because
(el) porqué - (the) reason why
posibilidades - possibilities
posible - possible
posiblemente - possibly
positivas - positive
precauciones - precautions
prefiero - I prefer
preguntaron - they asked
preguntas - questions
preguntó - s/he asked
(se) preguntó - s/he asked her/himself, s/he wondered
preparada - prepared
prepararon - they prepared

preparó - s/he prepared

presentarles - to present to them

privado - private

privilegio(s) - privilege(s)

probable - probable

probablemente - probably

problema(s) - problem(s)

producción - production

profesor - professor

prometo - I promise

pudo - s/he was able

puede - s/he can

puedes - you can

puedo - I can

Q

que - that

qué - what

quería - s/he wanted

querían - they wanted

querías - you wanted

(que) quiera - (that) s/he wants

quiere - s/he wants

quieres - you want

quiero - I want

R

rápidamente - quickly

rápido - quick

real - real

realmente - really

recibí - I received

recibió - s/he received

recibir - to receive

recibiste - you received

regresar - to return

regresó - s/he returned

relacionada - related

repitió - s/he repeated

reputación - reputation

respondió - s/he responded

respondiste - you responded

responsable - responsible

resto - rest

revelados - revealed

revelar - to reveal

(que) revelara - (that) s/he reveal

robando - stealing

robar - to steal

S

saliendo - leaving

salió - s/he left

salir - to leave

satisfecho - satisfied

(que) sea - (that) s/he is

secretaria - secretary

secreto(s) - secret(s)

semestral - semester

señor - sir

señora - ma'am, Mrs.

séptimo - seventh

ser - to be

seria - serious

serio(s) - serious

sesiones - sessions

severas - severe

shock - shock

si - if

sí - yes

silencio - silence

silenciosamente - silently

sincera - sincere

situación - situation

sobre - about

solo - only

sorprendida - surprised

sorprendido(s) - surprised

sorpresa - surprise

(con) sospecha - with suspicion

sospechaba de - s/he suspected, was suspicious of

sospechosa - suspicious

sospechosamente - suspiciously

sospechoso - suspicious

soy - I am

Sra. - Mrs.

su(s) - his; her; their

suficientes - sufficient, enough

súper - super

suspendido - suspended

suspensión - suspension

T

talento - talent

también - also

te - you; to you

teléfono - phone

tener - to have

(que) tenga - that s/he have

tengo - I have

tenía - s/he had

tenían - they had

tenías - you had

tensa - tense

terminaron - they finished

terminó - s/he finished; it ended

texto(s) - text(s)

ti - you

tiene - s/he has

tienen - they have

tienes - you have

tímida - timid, shy

tímidamente - timidly, shyly

tímido - timid, shy

titulado - titled

toda(s) - all, everything; everyone

todavía - still; yet

todo(s) - all; everything; everyone

tolerable - tolerable

trampa - cheating

tramposo - cheater

treinta - thirty

tu - your

tú - you

tutor - tutor

tutoría - tutoring

tuvieron - they had; got

tuvo - s/he had; got

un - a, an; one

una - a, an; one

uno - one

unos - some

V

va - s/he goes

vamos - we go; let's go

van - they go

varias - various; several

varios - various; several

vas - you go

versión - version

versiones - versions

video(s) - video(s)

voy - I go

voz - voice

y - and

ya - already; now

yo - I

Brandon Brown hace trampa

Cover and Chapter Art by
Robert Matsudaira

by
Carol Gaab

ISBN: 978-1-945956-71-3

2 Stonewood Drive, Freeport, Maine 04032
info@FluencyMatters.com • FluencyMatters.com

A NOTE TO THE READER

This fictitious Comprehension-based™ reader is based on 100 high-frequency words in Spanish. It contains a *manageable* amount of vocabulary and numerous cognates (words that are similar in two languages), making it an ideal first read for beginning language students.

There are two versions of this book under one cover. The past tense version is narrated completely in the past, with dialogue in the appropriate tense. The present tense version is narrated in present tense with dialogue in the appropriate tense.

All vocabulary is listed in the glossary at the end of each version. Keep in mind that many verbs are listed in the glossary more than once, as most appear throughout the story in various forms and tenses. (Ex.: I go, he goes, let's go, etc.) Vocabulary that would be considered beyond a 'novice-low' level is footnoted within the text, and the meaning given at the bottom of the page where the expression first occurs.

The opinions and events in this story do not reflect or represent the opinions or beliefs of Fluency Matters. This reader is intended for educational entertainment only. We hope you enjoy reading it!

Índice

THIS IS THE
PRESENT TENSE VERSION OF
Brandon Brown hace trampa.

TO READ THIS BOOK IN
THE PAST TENSE,
TURN BOOK OVER AND READ
FROM FRONT COVER.

Capítulo 1
El nuevo estudiante

– Este documento es muy importante porque tiene todas las precauciones necesarias –les dice el director de la escuela a un grupo de maestros.

El director parece nervioso. Habla con voz muy seria.

– ¡Es importante estar alerta! No quiero

un desastre en mi escuela –les dice con voz firme.

Curioso, Brandon observa al grupo. El director les da un paquete de papeles a los maestros. En la parte del frente del paquete dice: «Liam Bradley - CONFIDENCIAL». A Brandon le parece que es una situación importante… una situación seria. Se pregunta: *«¿Liam Bradley? ¿Por qué es necesario estar alerta?»*.

El director continúa hablando:

– Este paquete tiene información e instrucciones importantes. Guarden el paquete. La información es confidencial.

En ese momento, la secretaria nota que Brandon lo está observando todo. Ella está irritada.

– Brandon –le dice la secretaria con voz firme–. ¿Qué quieres?

–Tengo mi formulario médico –le responde Brandon, un poco alarmado.

Brandon le da el formulario a la secretaria.

Entonces, sale de la oficina y va a la clase de inglés. Su amigo, Jake, ya está en la clase.

– Por fin llegas –le dice Jake–. ¿Dónde estabas?

– Estaba en la oficina. Tenía que darle mi formulario médico a la secretaria –le responde Brandon.

Jake nota que Brandon no está contento.

– ¿Qué pasa? –le pregunta Jake–. Pareces irritado.

– El director estaba en la oficina hablando con un grupo de maestros. Les dijo que hay una situación seria en la escuela, que es importante estar alerta.

– ¿¡En serio!? –le respondió Jake sorprendido.

– Sí, en serio. El director les dio[1] unos paquetes de papeles. Los paquetes decían «Liam Bradley, confidencial». Y el director les dijo: «¡Es importante estar alerta! No quiero un desastre en mi escuela».

En ese momento, la señora Smith entra a la clase. Tiene el paquete confidencial.

– Ella estaba en la oficina –le dice Brandon–. Ella era parte del grupo en la oficina. Mira. Ella tiene el paquete confidencial.

– ¡Qué interesante! –le responde Jake.

Brandon y Jake miran el paquete y se preguntan: «*¿Qué dicen los papeles?*».

[1]*les dio - he gave them*

– Es posible que Liam tenga un problema –dice Jake.

– O es posible que quiera causar un problema –responde Brandon.

Entonces, la maestra habla:

– Hola, clase –les dice la maestra–. Quiero presentarles a un estudiante

nuevo. Se llama Liam Bradley. Liam es un estudiante internacional. Llegó de España.

¡Brandon y Jake están sorprendidos! *«¡Liam Bradley!»*, se dice Brandon. Jake y Brandon se miran el uno al otro.

Entonces, miran al estudiante nuevo. Lo observan atentamente. A Jake y a Brandon no les parece un estudiante adolescente. ¡Les parece que Liam es un adulto! También les parece que Liam es una persona muy seria y que su apariencia es muy formal. Eso[2] no es normal para un estudiante en el 7° (séptimo) grado.

Brandon y Jake piensan que Liam es una persona sospechosa[3]. Quieren investigar a Liam y quieren investigar el paquete con la información.

[2]eso - *that*
[3]sospechosa - *suspicious*

Capítulo 2
Los secretos

Después de clases, Brandon y Jake van a la casa de Brandon. Entran al dormitorio de Brandon y hablan sobre el estudiante nuevo.

– ¿Qué pasa con el estudiante nuevo? A todos los maestros les gusta mucho. ¿Por

qué todos están impresionados con él?
–le pregunta Jake irritado.

– Porque él es muy inteligente. Y también porque que él actúa como un adulto.

– La maestra dice que es un estudiante internacional, pero a mí no me parece –dice Jake con voz sospechosa.

– ¡Exacto! Es más probable que él sea un espía[1] internacional.

– Es obvio que Liam tiene un secreto, pero ¿qué puede ser? –le dice Jake.

Brandon y Jake hablan sobre todas las posibilidades. Quieren hacer una investigación para revelar su identidad real y su secreto confidencial.

Después de unos minutos, la conversación sobre el estudiante nuevo se convierte en una conversación sobre videos. Jake tiene un canal en YouTube y quiere que Brandon mire su video nuevo.

[1]espía - spy

– Brandon, te va a gustar mi video nuevo. Vamos a mirarlo.

Jake y Brandon miran el video.

– ¿Te gustó el video? –le pregunta Jake.

– Obvio –le responde Brandon.

Brandon y Jake miran varios videos y entonces Jake decide hacer otro video. Jake imita al estudiante nuevo y, con voz cómica, dice: «Hola. Soy Liam. Estoy en el 7° (séptimo) grado.

Tengo un secreto. El secreto es: Tengo 35 (treinta y cinco) años. Soy un adulto en el 7° (séptimo) grado». Brandon mira a Jake y piensa que él es muy cómico. «Ja, ja, ja». Brandon y Jake miran el video. «Ja, ja, ja, ja, ja». Piensan que el video es muy cómico. Ellos están mirando el video cuando la madre de Brandon los interrumpe. Ella entra al dormitorio y nota que Brandon y Jake están mirando videos.

– ¡No más videos! –le dice su mamá enojada–. Si tú y Jake no van a estudiar,

Jake tiene que regresar a su casa.

– Sí, mamá. Vamos a estudiar ahora.

La madre de Brandon sale del dormitorio. Brandon no quiere problemas y le dice a Jake:

– Tengo que estudiar ahora. Mis padres no están contentos porque en este momento tengo una 'C-' en la clase de inglés.

– Está bien. Ya me voy.

Jake no quiere estudiar y decide regresar a su casa. Brandon pasa 2 horas en su dormitorio, pero no estudia mucho. Mira videos en el celular y habla con Jake por textos.

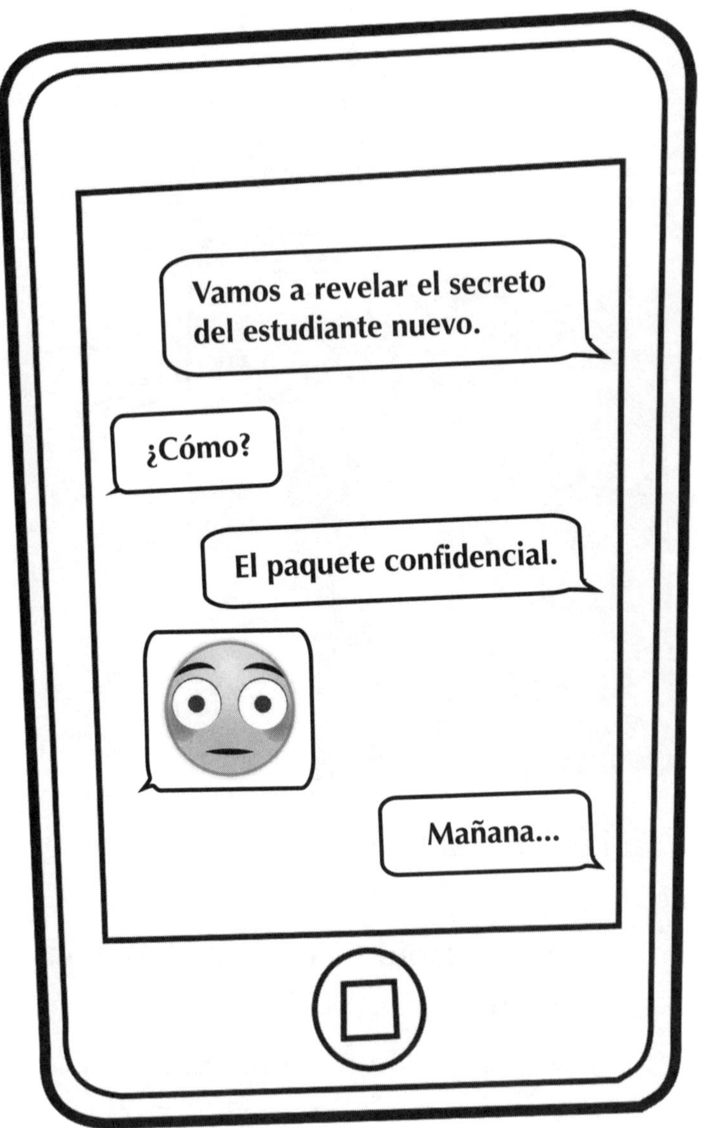
Vamos a revelar el secreto del estudiante nuevo.
¿Cómo?
El paquete confidencial.
Mañana...

Capítulo 3
El plan

En la mañana, Brandon sale para la escuela. Jake está frente a la casa.

— Vamos. ¡Rápido! —exclama Jake con entusiasmo.

— ¿Qué pasa? —le pregunta Brandon curioso.

– Tengo un plan. Voy a distraer a la maestra y tú vas a mirar el paquete confidencial.

Brandon está nervioso. Los planes de Jake normalmente le causan muchos problemas. Ellos llegan a la escuela y entran a la clase de inglés. Cuando entran, la maestra los mira y está sorprendida.

– ¡Qué sorpresa! –exclama la maestra–. ¿Decidieron hacerse estudiantes dedicados?

En ese momento, el nuevo estudiante entra. La maestra está contenta. Ella habla con Liam e ignora a Brandon y a Jake. Después de pocos minutos, la maestra se prepara para la clase. Entonces, le dice a la clase:

– Vamos a hacer un examencito sorpresa.

– ¡Ay, ay, ay! Noooooo –dicen los estudiantes.

La maestra mira a Liam y le dice:

– Liam, tú eres un estudiante nuevo, no tienes que hacer el examencito.

– Gracias, señora –le responde Liam con voz tímida–. Quiero hacerlo… si me lo permite.

«¿Él quiere hacer el examen?», piensa Brandon. *«Esto[1] no es normal. ¿Por qué Liam quiere hacer el examen?»*.

¹esto - this

La clase hace el examencito. A Brandon y a Jake el examencito les parece difícil, pero a Liam no. Liam hace el examencito muy rápido y está muy contento. Le da su papel a la maestra. La maestra está muy impresionada y le dice:

– Liam, tú eres un estudiante muy inteligente. ¡Eres un estudiante maravilloso!

Jake y Brandon no están impresionados. Jake mira a Brandon e indica que ya es el momento de iniciar el plan. Es el momento perfecto para la distracción. Llama a la maestra y le pregunta:

– ¿Puede explicarme la número 4?

Irritada, la maestra va a hablar con Jake. Después, Brandon agarra su examen y va al escritorio[2]. ¡Está nervioso! No quiere llamar la atención de la maestra. Brandon la observa. Ella habla con Jake.

Brandon continúa mirando a la maestra y no

[2]escritorio - desk (teacher or adult desk, not student desk)

el escritorio. Nervioso, Brandon agarra unos papeles. En ese momento, la maestra mira a Brandon y se enoja.

– Brandon, ¿qué haces? ¿Por qué tienes los exámenes? –le pregunta la maestra con sospecha.

Brandon está confundido. «¡¿Los exáme-

nes?!», piensa Brandon sorprendido. «¡¿No agarré los documentos confidenciales?!». Brandon está muy nervioso. No le responde a la maestra.

– Brandon Brown, ¿intentas hacer trampa[3]? –le pregunta la maestra.

– Aaa… ¡no! –le dice Brandon nervioso.

³intentas hacer trampa - are you trying to cheat

Brandon quiere darle una excusa a la maestra, pero no puede inventar una excusa rápidamente. ¡Está en problemas!

Capítulo 4
¿Criminal o delincuente?

Brandon está nervioso. La maestra de inglés está enojada. Brandon va a sus otras clases, pero no puede concentrarse. Piensa en la situación. La maestra de inglés está muy enojada. Si ella llama a sus padres, ellos van a estar furiosos.

Brandon piensa: *«Necesito una excusa del porqué agarré los exámenes. Necesito una excusa lógica, una excusa excelente».*

Brandon quiere hablar con Jake. Jake tiene un talento especial para inventar excusas. En la clase de ciencias, Brandon le dice:

– Jake, necesito una excusa del porqué agarré los exámenes.

– Aaaa… ¿Por qué no le dices que agarraste los exámenes por accidente... que querías robar los papeles confidenciales? Ja, ja, ja –le dice Jake.

– Jake –le dice Brandon irritado–, tengo serios problemas. Necesito una excusa.

Brandon y Jake pasan toda la clase pensando en excusas. Por fin, Jake inventa una excusa perfecta: «Agarraste los exámenes para organizarlos». A Brandon le gusta la excusa. Brandon prepara su explicación en caso de que la maestra llame a sus padres.

A las 3:00 p. m., la escuela termina. Brandon está nervioso. No quiere regresar a casa. En ese momento, hay un anuncio: *«Brandon Brown, a la oficina. Brandon Brown, a la oficina»*, dice una voz seria. *«¡Ay, no!»*, piensa Brandon nervioso.

«*¡La maestra le informó al director!*», se dice con pánico.

Nervioso, Brandon entra a la oficina. La maestra está en la oficina con el director. Ellos están hablando. A Brandon le parece que están muy enojados.

– Brandon, ¿intentaste[1] hacer trampa? –le pregunta el director.

– No, señor –le responde Brandon nervioso.

– Si no, ¿por qué tenías los exámenes?

Brandon tiene su excusa preparada. Él actúa inocente y le responde al director:

– Para organizar los exámenes.

El director hace una pausa y mira a Brandon. Al director le parece que Brandon está actuando sospechosamente. Brandon está muy nervioso. Piensa: «*Hacer trampa es un acto deshonesto,*

[1]intentaste - *did you try; did you attempt*

pero robar papeles confidenciales ¡es un crimen! ¿Prefiero tener la reputación de ser un delincuente o de ser un criminal?».

El director continúa mirando a Brandon. La maestra también lo mira. Hay silencio. *«¿Qué hago²?»*, piensa Brandon estresado. Después de unos minutos de silencio, el director le dice:

– Está bien, Brandon. Puedes salir.

Brandon está sorprendido. *«¿Puedo salir?»*, piensa Brandon sorprendido. *«¡Qué excusa excelente! Me escapé de este problema».* Contento, Brandon sale de la oficina y regresa a casa.

²*¿Qué hago? - What do I do?*

Capítulo 5
Mensajes problemáticos

Brandon llega a su casa y está un poco nervioso. *«Pienso que todo salió bien con el director»*, se dice Brandon. *«¿Pero realmente todo está bien?»*. Brandon entra silenciosamente a la

casa y observa a su madre. *«No me parece que esté enojada»*, se dice Brandon. Brandon decide hablar con ella. Quiere determinar si todo está bien.

– Hola, mamá –le dice Brandon nervioso.

– Hola, Brandon. ¿Cómo te fue[1] en la escuela?

– Bien –le responde Brandon nervioso.

Brandon habla un poco más con su madre. Le parece que su madre no tiene idea de su conversación con el director de la escuela. *«¡Excelente!»*, piensa Brandon.

– Tengo que estudiar –le dice Brandon y va a su dormitorio.

Brandon está en su dormitorio cuando recibe un texto de Jake:

[1]*¿Cómo te fue? - How did it go for you?*

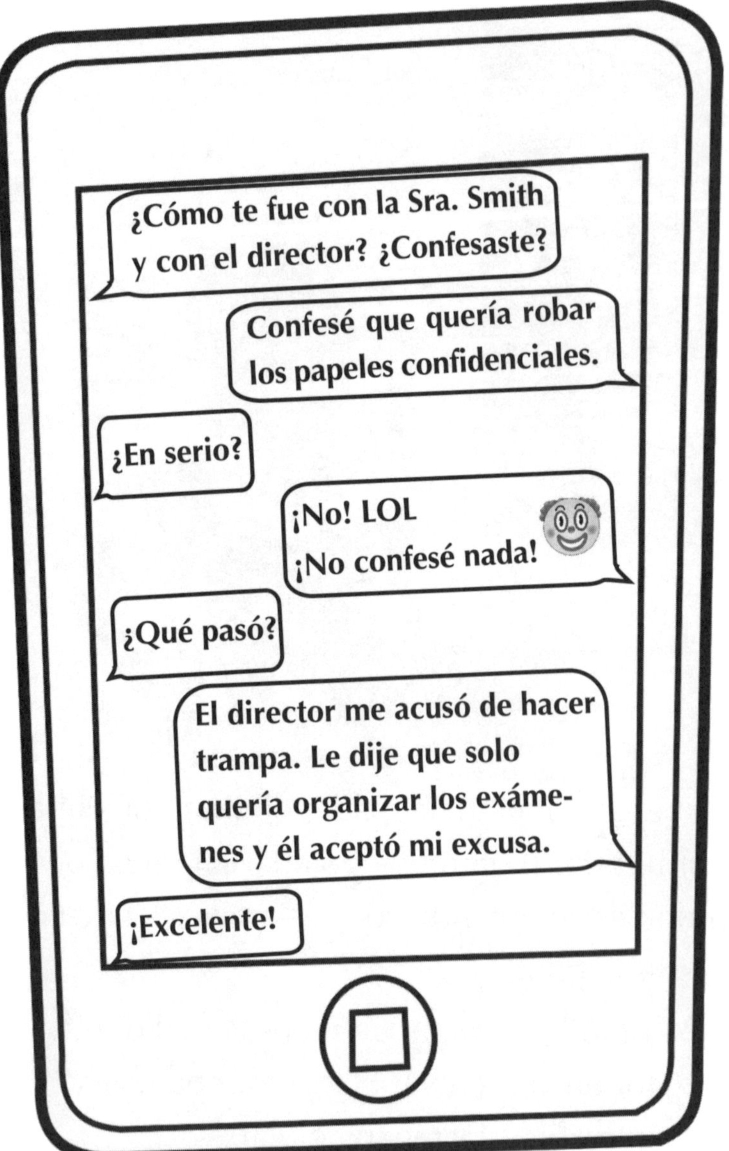
¿Cómo te fue con la Sra. Smith y con el director? ¿Confesaste?
Confesé que quería robar los papeles confidenciales.
¿En serio?
¡No! LOL ¡No confesé nada!
¿Qué pasó?
El director me acusó de hacer trampa. Le dije que solo quería organizar los exámenes y él aceptó mi excusa.
¡Excelente!

En ese momento, la madre de Brandon entra al dormitorio. ¡Está muy enojada! Ella nota que Brandon está hablando con sus amigos y que no está estudiando.

– Brandon, ¡recibí un mensaje del director de la escuela! Hacer trampa no es tolerable. ¡Dame tu celular!

«*¡Ay, no!*», se dice Brandon con pánico.

– Pero... ¡mamá! –exclama Brandon.

– No hay excusas. Tener un celular es un privilegio. Un tramposo no tiene privilegios. ¡Dame el celular!

Brandon no tiene opción. Brandon le da su celular a su madre y, enojada, su madre sale con el celular. *«¡Qué problema!»*, piensa Brandon estresado. Brandon piensa en la información que hay en los textos. *«Tengo que borrar[2] los textos!»*, se dice Brandon.

[2]*borrar - to erase*

Capítulo 6
Una misión importante

Brandon sale de su dormitorio en silencio. Quiere investigar dónde está su celular. Está determinado… ¡Tiene que borrar los mensajes de texto! Cuando Brandon sale de su dormitorio, su madre está hablando por teléfono. Ella habla con su padre. Brandon se imagina que ella le está in-

formando sobre la situación en la clase de inglés.

Silenciosamente, Brandon pasa por la casa. *«¿Dónde está mi celular?»*, se pregunta. Nervioso, Brandon entra al dormitorio de sus padres. Brandon está súper nervioso. Pasa por el dormitorio y por fin, localiza su celular. Rápidamente,

Brandon agarra el celular y, justo en ese momento, su madre entra al dormitorio.

– Brandon, ¿qué haces? –le pregunta su madre enojada.

– Aaa… nada… –le responde Brandon con pánico.

– A tu dormitorio… ¡AHORA!

¡La mamá de Brandon está furiosa! Brandon regresa a su dormitorio y está súper estresado. Se imagina que ahora tiene el doble de problemas. *«¡Ay, ay, ay!»*, piensa Brandon. *«¡Es importante borrar los mensajes!»*.

Una hora después, el padre de Brandon regresa a casa. Brandon no quiere salir de su dormitorio. No quiere hablar con su padre.

– ¡Braaaaandon! –llama su padre enojado.

Brandon está nervioso. Sale de su dormitorio para hablar con su padre. Su padre le habla durante una hora sobre la importancia de la honestidad, la integridad y la educación. Al final, su

padre decide que Brandon no puede salir de la casa y que no puede tener su celular por 5 días.

Brandon pasa el resto del día en su dormitorio pensando en los mensajes de texto. Sus problemas van a ser más serios si sus padres tienen acceso a sus mensajes de texto.

En la mañana, Brandon sale para la escuela. Jake está frente a la casa.

– ¿Qué pasa, Brandon? ¿Por qué no respondiste a mis mensajes de texto?

– ¡Ay, no! –exclama Brandon–. Mi madre me confiscó[1] el celular. ¿Qué dijiste[2] en los mensajes?

– Un poco de todo –le responde Jake.

– Dame tu celular –le dice Brandon con pánico.

Brandon agarra el celular de Jake y está en estado de shock. ¡Los mensajes ya no están en el celular!

– Ya borré los mensajes.

– ¡Noooooo! –exclama Brandon ansioso.

En ese momento, Brandon nota que su madre está saliendo. Ella sale y Brandon decide regresar a la casa.

[1]me confiscó - she confiscated; she took it away

[2]¿Qué dijiste? - What did you say?

Entra rápidamente a la casa y va al dormitorio de su madre. Entra al dormitorio y agarra su celular para borrar los mensajes. «*¡Nooooooooooooooo!*», se dice Brandon desesperado. El celular no funciona… no tiene batería. No es posible borrar los mensajes.

Capítulo 7

El examen

Durante 5 días, Brandon no puede hablar con Jake por textos y no puede salir de la casa. Estudia más de lo normal porque no tiene nada más qué hacer.

El día del examen semestral de la clase de inglés, Brandon sale para la escuela. Jake está frente a la casa.

– Hola.

– ¿Qué pasa? ¿Estudiaste? –le pregunta Brandon.

– Un poco. ¿Y tú?

– Sí, pero no mucho para la clase de inglés. Prefiero la clase de matemáticas.

Brandon y Jake llegan a la escuela y van a la clase de inglés. Entran a la clase y la maestra les da el examen.

– ¡Excelente! –dice Jake mirando el examen–. Prefiero los exámenes de opción múltiple.

– Yo también –dice Brandon nervioso.

Todos los estudiantes hacen el examen. Brandon intenta[1] hacer el examen, pero es muy difícil. También es difícil para Jake.

[1]intenta - he tries, attempts

Brandon y Jake se miran el uno al otro. Entonces, Jake mira a Liam. Nota que Liam está haciendo el examen muy rápido.

Jake llama la atención de Brandon. Brandon mira a Jake y después mira a Liam. Brandon está nervioso. Jake quiere que él copie el examen de Liam. Desesperado, Brandon decide hacer

trampa. Mira el examen de Liam para copiarlo. Lo mira con intensidad y memoriza el orden de las letras: A, D, B, B, C, A, C, D, A, A, B. Brandon copia todas las letras.

Liam termina rápidamente y le da su examen a la maestra. Poco después, Brandon también termina, pero no le da su examen a la maestra. Jake mira el examen de Brandon y, justo en ese momento, la maestra lo mira.

– Jake, no mires el examen de Brandon

–le dijo la maestra enojada.

Jake ya no puede copiar el examen de Brandon. Él está frustrado. ¡El examen es muy difícil! Poco a poco, los estudiantes terminan el examen. Jake intenta hacerlo, pero no puede.

Después de pocos minutos, la clase termina. «¡Driiiin!». Brandon y los otros estudiantes le dan sus exámenes a la maestra. Todos —con excepción de Jake— se preparan para salir de la clase. Los estudiantes están saliendo y la maestra les dice:

– Adiós. Hasta mañana[2].

– Adiós –le responden los estudiantes.

Jake observa la situación: la maestra está hablando con los otros estudiantes. Ella lo está ignorando.

Jake mira los exámenes. Todos los exámenes están en el escritorio de la señora Smith. Jake va al escritorio y, rápidamente, agarra el examen de Liam. ¡Está nervioso! No quiere llamar la atención de la maestra. Rápidamente, Jake borra 'Liam' del examen.

Brandon observa a Jake y ¡está sorprendido! Nota que Jake está borrando 'Liam' del examen. También nota que el examen de Jake no dice Jake. ¡El examen de Jake dice 'Liam'! ¡Jake está robando el examen de Liam!

[2]hasta mañana - *until tomorrow (see you tomorrow)*

Capítulo 8
Acusaciones

Después de la escuela, Brandon regresa a casa. Entra a la casa silenciosamente. No quiere hablar con su madre. Va directamente a su dormitorio. Poco después, su madre lo llama:

– Braaaaandon.

Brandon va a hablar con su madre.

– ¿Cómo te fue en los exámenes? –le pregunta su madre.

– Bien –le responde Brandon nervioso.

– Parece que estás frustrado –le dice su madre–. Si te fue bien, puedes tener tu celular.

– Mañana nos van a dar las notas[1] –le dice Brandon.

Brandon regresa a su dormitorio. ¡Está muy ansioso! Pasa el resto del día en su dormitorio. Piensa en los exámenes y en tener su celular. Brandon no está contento. Quiere hablar con sus amigos y quiere mirar videos. Jake hace videos excelentes y a Brandon le gusta mirarlos.

[1]notas - grades

En la mañana, Brandon sale para la escuela. Está un poco sorprendido porque Jake no está frente a la casa. Brandon llega a la escuela y entra a la clase de inglés. Jake ya está en la clase… ¡y su madre también! *«¡Ay, no!»*, piensa Brandon alarmado. Es obvio que Jake tiene un problema serio. Jake está muy nervioso y ¡su

madre está furiosa!

La maestra habla con la madre de Jake durante pocos minutos. Es una conversación muy tensa. Entonces, Jake sale con su madre. ¡Está suspendido!

¡La maestra está muy enojada! Ahora Brandon está súper nervioso. Piensa: *«¿Es obvio que yo también hice trampa?»*. Los estudiantes no hablan. Todos están nerviosos. La clase está completamente en silencio.

Brandon observa a la maestra y se pregunta: *«¿La maestra está mirándome a mí? ¿Es mi imaginación?»*. Por fin, la maestra interrumpe el silencio y llama la atención de los estudiantes:

– Corregí los exámenes.

La maestra hace una pausa y mira a Brandon. Parece que ella está contenta. Ella continúa hablando sobre los exámenes:

– A muchos estudiantes les fue muy bien, pero a unos pocos, no... no les fue bien.

Brandon ya no está nervioso. Piensa: «*Copié el examen de Liam, y Liam es muy inteligente. Probablemente me fue muy bien. Ja, ja, ja*». La maestra le da su examen a Liam.

– ¡Excelente, Liam! –le dice la maestra con entusiasmo.

– Gracias –le responde Liam tímidamente.

«*Excelente*», se repite Brandon. «*Me fue excelente. Por fin… ya puedo tener mi celular*», piensa Brandon. Él está muy contento.

La maestra continúa dándoles los exámenes a los estudiantes. Le da su examen a Brandon. Brandon mira su examen en estado de shock. «*¡¿Una D?!*», piensa Brandon. «*¿Cómo es posible?*». Es obvio que la maestra está enojada. Ella

mira a Brandon y le dice:

– Es obvio que no estudiaste. Voy a llamar a tu madre.

Brandon está confundido. *«¿Por qué recibí una D y Liam una A? ¡No es posible!»*. ¡Sus padres van a estar enojados! Brandon piensa en las consecuencias de recibir una 'D'. ¡Van a ser severas! Brandon ya tiene problemas porque está acusado de hacer trampa.

Brandon va a sus otras clases y pasa el resto del día muy estresado. No quiere regresar a casa.

Después de la escuela, Brandon regresa a casa. Nervioso, entra a la casa silenciosamente. Al entrar, nota que su madre está hablando por teléfono.

… una 'D' en el examen semestral.
¡Ay, ay, ay! Yo pienso que Brandon necesita un tutor.
Un tutor para Brandon es una excelente idea. Tengo a la persona perfecta.

Capítulo 9
El tutor

Brandon no está contento. ¡No quiere tener un tutor! A las 6:00 p.m., el tutor llega a la casa de Brandon.

– Hola, Liam –le dice la madre de Brandon.

– Hola, Señora –le responde Liam tímido.

«¡¿Liam?!» se dice Brandon sorprendido. Es obvio que Brandon está enojado. No quiere tener un tutor. ¡Y absolutamente no quiere estudiar con el estudiante nuevo!

Brandon y Liam van al dormitorio de Brandon para estudiar. Brandon no quiere estudiar. Quiere convencer a Liam de que revele su secreto. Le hace muchas preguntas a Liam:

– ¿Te gusta la escuela?

– Sí.

– ¿Te gusta estudiar?

– Sí.

– ¿Te gustaba tu escuela en España?

– Sí.

– ¿Por qué ahora tu familia está en Colorado?

– Mi padre tiene un contrato con un banco en Denver.

«Un contrato», piensa Brandon con sospecha. *«Habla como un criminal de la mafia»*.

– ¿Qué hace tu padre? –le pregunta Brandon con voz sospechosa.

– Es banquero –le responde Liam.

Liam no habla mucho. Quiere estudiar. Brandon no quiere estudiar, pero no tiene otra opción. Brandon y Liam estudian por una hora y entonces, Liam sale.

– Adiós, Liam –le dice la madre de Brandon–. Hasta mañana.

– ¡¿Hasta mañana?! –exclama Brandon sorprendido.

– Sí, Brandon. También vas a estudiar con Liam mañana.

Brandon está enojado. No quiere tener un tutor y ¡no quiere estudiar con Liam! Brandon sospecha de él. Piensa que Liam no habla mucho porque no quiere revelar su secreto.

Brandon y Liam estudian durante varias sesiones de tutoría. Poco a poco, Liam habla más, y a Brandon ya no le parece muy sospechoso. Después de varias sesiones, Brandon decide que realmente no es horrible estudiar con él. Poco a poco, Brandon y Liam se hacen amigos.

A todos los adultos les gusta Liam. Él es muy responsable y hace todo bien. La madre de Brandon está muy contenta, pero Jake no. Jake está irritado. A Jake no le gusta Liam. No le gusta que Liam y Brandon sean[1] amigos.

Un día, después de las clases, Brandon nota que Jake está irritado.

– Parece que estás enojado. ¿Qué pasa?

– Nada –le responde Jake irritado.

– ¿Quieres estudiar después de las clases?

– A causa de mi suspensión, no puedo salir de la casa –le responde Jake.

– ¿Y para estudiar?... Me imagino que tu madre lo permitiría[2].

– Es posible.

Brandon regresa a casa y habla con su madre:

– Invité a Jake a estudiar. ¿Está bien?

– Sí, pero ¡tienen que estudiar!

[1]que sean - that (they) are
[2]lo permitiría - she would allow it

– Está bien. Te lo prometo –le dice Brandon con voz sincera.

A las 6:00 p.m., Liam llega a la casa. Poco después, Jake también llega. Van al dormitorio de Brandon para estudiar. Jake habla mucho, pero Liam no dice nada. Liam se prepara para estudiar, pero Jake continúa hablando:

– Brandon, ¿recibiste mi nuevo video?

– ¡No! No tengo mi celular –le responde Brandon irritado.

– Oh, sí. Mira –le dice Jake y le da su celular.

Jake le da su celular a Brandon, pero hay un problema... ¡No es el nuevo video! ¡Es el video

sobre Liam!: *«Hola. Soy Liam. Estoy en el 7°
(séptimo) grado. Tengo un secreto. El secreto es:
Tengo 35 (treinta y cinco) años. Soy un adulto
en el 7° (séptimo) grado»*.

Brandon mira a Liam. Es obvio que Liam no
está contento. Brandon le dice a Liam:

– No es nada, Liam. Jake es un payaso[3].

– Sí, no es nada –le dice Jake con voz cómica–. Soy un payaso. Ahora, miren mi
nuevo video. Les va a gustar.

Brandon nota que el video se llama: «Cómo
NO hacer trampa». Curiosos, Brandon y Liam
miran el video. El video explica por qué Brandon
recibió una D en el examen de inglés. En el
video Jake explica:

«La maestra hizo dos versiones del examen.
El estudiante nuevo –el mini-profesor– hizo la
versión A. Brandon hizo la versión B. Desafortunadamente, Brandon copió la otra versión. ¡Ja,

[3]*payaso - clown*

ja, ja!». ¡Brandon se enoja!

– ¡Payaso! ¿Quieres causarme problemas? ¿Quieres informar a mis padres que hice trampa? ¡Ya tengo suficientes problemas!

– ¡Cálmate, Brandon! –le responde Jake muy contento–. Ahora eres un estudiante famoso.

– ¡¿Famoso?! ¡¿El video está en el internet?! –le pregunta Brandon furioso.

Liam no dice nada. Está un poco sorprendido, pero no está enojado. Jake habla mucho de su suspensión y de su video. Está muy satisfecho[4] con su producción. Lo hizo durante su suspensión.

– Ya no quiero hablar más del video –le dice Brandon estresado–. Tengo que estudiar. Mis padres no me van a dar mi celular si no tengo una 'A' o una 'B' en

[4]satisfecho - satisfied; pleased

todas mis clases.

Brandon estudia con Liam y Jake durante una hora. Están muy concentrados. Brandon está motivado. No quiere más problemas y ¡quiere tener su celular!

Capítulo 10
Secretos revelados

En la mañana, Brandon sale para la escuela. Jake está frente a la casa. Los dos van a la escuela, pero no hablan mucho. A Jake le parece que Brandon está un poco enojado.

Llegan a la escuela y, cuando entran, todos

los estudiantes están hablando sobre el video de Jake. Los estudiantes hacen comentarios sobre el video:

– Excelente lección, Brandon. Ja, ja, ja.

– Brandon, ¡eres un tramposo inteligente!

– ¡Tramposo fantástico!

Brandon está enojado. Jake le causa muchos problemas. Liam nota que Brandon está enojado y le dice:

— No pasa nada, Brandon. Jake es un payaso. Ja, ja, ja.

A Brandon le gusta tener un amigo responsable. Liam no le causa problemas. A Brandon le gusta Liam, pero todavía[1] sospecha un poco de él. Parece que él es una persona honesta, pero es obvio que tiene un secreto. Se pregunta: «*¿Liam va a revelar su secreto?*».

Brandon, Jake y Liam continúan las sesiones de tutoría. Después de varias sesiones, Jake también se hace amigo de Liam. Decide que tener un amigo inteligente es beneficioso[2].

En pocos días, Brandon ya no piensa más en el video que hizo Jake. Y ya no piensa mucho en el secreto de Liam. Se concentra en el examen de inglés. Mañana hay un examen importante. Brandon, Jake y Liam estudian para el examen. Brandon está determinado… ¡quiere tener su celular!

[1]*todavía - still*
[2]*beneficioso - beneficial, helpful, useful*

En la mañana, Brandon y Jake se van a la escuela. Llegan a la escuela y entran a la clase de inglés. Liam no está en la clase. Brandon y Jake están sorprendidos. Se preguntan el uno al otro:

– ¿Dónde está Liam? No es normal que él no esté en la escuela... especialmente cuando hay un examen.

En ese momento, el director entra a la clase

y con voz seria, le dice a la maestra:

– Liam no va a estar en clase.

Entonces, ellos tienen una conversación en privado. Brandon y Jake están alarmados. Sospechan que la situación está relacionada con el secreto confidencial.

Después de pocos minutos, el director sale y la maestra les da los exámenes a los estudiantes. Jake y Brandon hacen el examen y ¡no es difícil!

– Increíble –exclama Brandon emocionado–. Liam es un tutor excelente. Me fue bien en el examen y... no hice trampa. ¡Por fin, mis padres me van a dar mi celular!

–Voy a llamarlo 'Súper Tutor' –le dice Jake–. Ja, ja, ja.

–Y vamos a llamarte a ti 'Súper Payaso' –le responde Brandon contento.

Después de las clases, Brandon regresa a su

casa. Su madre lo mira entrar y le dice:

– Hola, Brandon. ¿Cómo te fue en el examen?

– Excelente –le dice Brandon emocionado–. Jake y yo vamos a continuar estudiando con Liam.

– ¡Excelente idea! –responde su madre–. ¿Cómo está?

– ¿Qué? –le pregunta Brandon confundido.

– ¿Cómo está Liam? Su madre me dijo que le picó una abeja[3].

– ¿Le picó una abeja? –le pregunta Brandon sorprendido.

– Sí. Liam tiene una alergia muy seria. Ocurrió esta mañana al llegar a la escuela. Afortunadamente, todos los maestros estaban informados de su alergia. Todos tienen la información con

[3]*le picó una abeja - a bee stung him*

todas las precauciones. Un maestro llamó al 911 inmediatamente.

Brandon está sorprendido. *«¿Su secreto es que tiene una alergia?»*, se pregunta Brandon.

– No me dijo que tenía una alergia –le dice Brandon a su madre.

– Probablemente no quería llamar la atención –le responde su madre.

Brandon y su madre hablan un poco más. Entonces, Brandon le dice:

– Mamá, me fue muy bien en el examen y ¡no hice trampa! ¿Puedo tener mi celular?

– Mañana, posiblemente –le dice su madre con voz firme–. Voy a hablar con tu maestra de inglés para confirmar que te fue bien en el examen.

– Por favor, mamá. Quiero hablar con Liam.

– Voy a pensarlo –le responde su madre.

Entonces, Brandon va a su dormitorio. Él es optimista y se dice: *«Mamá está contenta ya que soy un estudiante responsable. Ella va a darme mi celular»*.

Su madre considera todas las acciones negativas de Brandon: hacer trampa, no estudiar y recibir una 'D'. Pero también considera las acciones positivas: se hizo amigo de un estudiante honesto y responsable, estudió mucho y se convirtió en un estudiante dedicado. Al final, decide darle su celular a Brandon.

Su madre agarra el celular y carga la batería. Después de cargar la batería, su madre va a dárselo a Brandon. Ella agarra el celular y nota que hay varias notificaciones de textos en el celular. Curiosa, ella mira los textos.

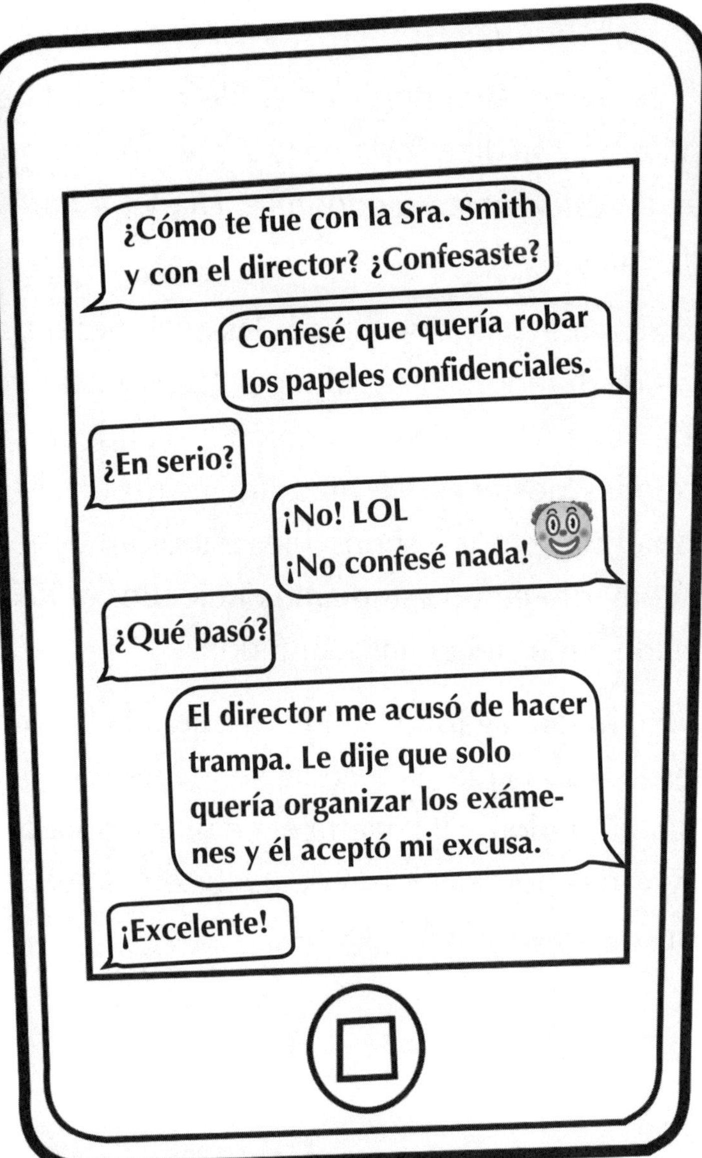
¿Cómo te fue con la Sra. Smith y con el director? ¿Confesaste?
Confesé que quería robar los papeles confidenciales.
¿En serio?
¡No! LOL ¡No confesé nada!
¿Qué pasó?
El director me acusó de hacer trampa. Le dije que solo quería organizar los exámenes y él aceptó mi excusa.
¡Excelente!

Ella también nota que hay un video titulado: *Cómo NO hacer trampa*. Ella mira el video y, furiosa, llama a Brandon.

– ¡Braaaaaaannnndoon!

«¡*Ay, ay, ay!*», piensa Brandon. «*Todos los secretos ya fueron[4] revelados*».

[4]*fueron - were*

Glosario

A

a - at, to
abeja - bee
absolutamente - absolutely
acceso - access
accidente - accident
acciones - actions
aceptó - s/he accepted
acto - act
actúa - s/he acts
actuando - acting
acusaciones - accusations
acusado - accused
acusó - s/he accused
adiós - good bye
adolescente - teenager
adulto(s) - adult(s)
afortunadamente - fortunately
agarra - s/he grabs
agarraste - you grabbed
agarré - I grabbed
ahora - now
al - to the
alarmado(s) - alarmed
alergia - allergy

alerta - alert
amigo(s) - friend(s)
años - years
ansioso - anxious
anuncio - announcement
apariencia - appearance
atención - attention
atentamente - attentively, with attention
ay - oh!

B

banco - bank
banquero - banker
batería - battery
beneficioso - beneficial, helpful, useful
bien - well, good
borra - s/he erases
borrando - erasing
borrar - to erase
borré - I erased

C

cálmate - calm down

canal - channel

carga - s/he charges (a battery)

cargar - to charge (a battery)

casa - house

caso - case

causa - s/he causes

a causa de - because of

causan - they cause

causar - to cause

causarme - to cause me

celular - cell phone

ciencias - science(s)

cinco - five

clase(s) - class(es)

comentarios - comments

cómica - funny

cómico - funny

como - like, as

cómo - how

completamente - completely

con - with

concentra - s/he concentrates

concentrados - focused; concentrating

concentrarse - to concentrate

confesaste - you confessed

confesé - I confessed

confidencial(es) - confidential

confirmar - to confirm

confiscó - s/he confiscated

confundido - confused

consecuencias - consequences

considera - s/he considers

contenta - happy

contento(s) - happy

continúa - s/he continues

continúan - they continue

continuar - to continue

contrato - contract

convencer - to convince

conversación - conversation

convierte - s/he converts, turns into

convirtió - s/he converted, turned into

copia - s/he copies

copiar - to copy

copiarlo - to copy it

(que) copie - that s/he copy

copié - I copied

copió - s/he copied

corregí - I corrected

crimen - crime

criminal - criminal
cuando - when
curiosa - curious
curioso(s) - curious

D

da - s/he gives
dame - give me
dan - they give
dándoles - giving (to) them
dar - to give
darle - to give to him/her
darme - to give to me
dárselo - to give it to him/her
de - of; from
decían - they said
decide - s/he decides
decidieron - they decided
dedicado(s) - dedicated
del - of the; from the
delincuente - delinquent
desafortunadamente - unfortunately
desastre - disaster
desesperado - desperate
deshonesto - dishonest
después - after

determinado - determined
determinar - to determine
día(s) - day(s)
dice - s/he says
(se) dice - s/he says (to her/himself)
dicen - they say
dices - you say
difícil - difficult
dije - I said
dijiste - you said
dijo - s/he said
dio - s/he gave
directamente - directly
director - director, principal
distracción - distraction
distraer - to distract
doble - double
documento(s) - document(s)
dónde - where
dormitorio - bedroom
dos - two
durante - during

E

e - and
educación - education
el - the

él - he
ella - she
ellos - they
emocionado - excited
en - in, on
(se) enoja - s/he gets angry
enojada - angry
enojado(s) - angry
entonces - then
entra - s/he enters
entran - they enter
entrar - to enter
entusiasmo - enthusiasm
era - s/he, it was
eres - you are
es - s/he, it is
escapé - I escaped
escritorio - desk
escuela - school
ese - that
eso - that
España - Spain
especial - special
especialmente - especially
espía - spy
esta - this
está - s/he, it is
estaba - s/he, it was

estaban - they were
estabas - you were
estado - state
están - they are
estar - to be
estás - you are
este - this
(que) esté - (that) s/he be
esto - this
estoy - I am
estresado - stressed
estudia - s/he studies
estudian - they study
estudiando - studying
estudiante(s) - student(s)
estudiar - to study
estudiaste - you studied
estudió - s/he studied
exacto - exactly
examen - exam
examencito - quiz
exámenes - exams
excelente(s) - excellent
excepción - exception
exclama - s/he exclaims
excusa(s) - excuse(s)
explica - s/he explains
explicación - explanation

explicarme - to explain to me

F

familia - family

famoso - famous

fantástico - fantastic

(por) favor - please

fin - end

final - final

firme - firm

formal - formal

formulario - form

frente a - in front of

frustrado - frustrated

fue - s/he was, went

(cómo te fue) - how did it go for you

fueron - they were

funciona - it functions, works

furiosa - furious

furioso(s) - furious

G

gracias - thanks

grado - grade

grupo - group

guarden - guard; put away

(le) gusta - it pleases him/her, s/he likes

(les) gusta - it pleases them, they like

(te) gusta - it pleases you/her, you like

(te) gustaba - it was pleasing to you, you liked

gustar - to be pleasing, to like

(te) gustó - it pleased you, you liked

H

habla - s/he talks

hablan - they talk

hablando - talking

hablar - to talk

hace - s/he makes; does

hace trampa - s/he cheats

hacen - they make; do

hacer(lo) - to make (it); do (it)

hacerse - to become (make yourself)

hacer trampa - to cheat

haces - you make; do

haciendo - making; doing

hago - I make; do

hasta mañana - until tomor-row (see you tomor-row)

hay - there is; there are

hice - I made; did

hizo - s/he made; did

hola - hi; hello

honesta - honest

honestidad - honesty

honesto - honest

hora(s) - hour(s)

horrible - horrible

I

idea - idea

identidad - identity

ignora - s/he ignores

ignorando - ignoring

(se) imagina - s/he imagines

imaginación - imagination

(me) imagino - I imagine

imita - s/he imitates

importancia - importance

importante - important

importantes - important

impresionada - impressed

impresionados - impressed

increíble - incredible

indica - s/he indicates

información - information

informados - informed

informando - informing

informar - to inform

informó - s/he informed

inglés - English

iniciar - to initiate

inmediatamente - immedi-ately

inocente - innocent

instrucciones - instructions

integridad - integrity

inteligente - intelligent

intensidad - intensity

intenta - s/he tries

intentas - you try

intentaste - you tried

interesante - interesting

internacional - international

internet - Internet

interrumpe - s/he interrupts

inventa - s/he invents

inventar - to invent

investigación - investigation

investigar - to investigate

invité - I invited

irritada - irritated

irritado - irritated

J

justo - just, fair

L

la - the; her
las - the; them
le - to him/her
lección - lesson
les - to them
letras - letters
llama - s/he calls
llamar - to call
llamarlo - to call him
llamarte - to call you
(en caso de que) llame - (in case) s/he calls
llamó - s/he called
llega - s/he arrives
llegan - they arrive
llegar - to arrive
llegas - you arrive
llegó - s/he arrived
lo - it, him
localiza - s/he locates, finds
lógica - logical
los - the; them

M

madre - mother
maestra - teacher
maestro(s) - teacher(s)
mafia - mafia
mamá - mom
mañana - tomorrow; morning
maravilloso - marvelous, wonderful
más - more
matemáticas - math
me - me; to me
médico - doctor
memoriza - s/he memorizes
mensaje(s) - message(s)
mi - my
mí - me
minutos - minutes
mira - s/he looks at
miran - they look at
mirando - looking at
mirándome - looking at me
mirar - to look at
mirarlo - to look at it
mirarlos - to look at them
(que) mire - (that) s/he look at
miren - look

(no) mires - (don't) you look
mis - my
misión - mission
momento - moment
motivado - motivated
muchas - many
mucho - a lot; much
muchos - many
múltiple - multiple
muy - very

N

nada - nothing
necesarias - necessary
necesario - necessary
necesito - I need
negativas - negative
nervioso(s) - nervous
no - no; not
normal - normal
normalmente - normally
nos - us
nota - s/he notices
nota(s) - grade(s)
notificaciones - notifications
nuevo - new
número - number

O

o - or
observa - s/he observes
observan - they observe
observando - observing
obvio - obvious
ocurrió - it occurred
oficina - office
opción - option
optimista - optimist
orden - order
organizar - to organize
organizarlos - to organize them
otra(s) - other
otro(s) - other; another

P

padre - father
padres - parents
pánico - panic
papel(es) - paper(s)
paquete(s) - packet(s)
para - for; to, in order to
parece - s/he, it seems
pareces - you seem
parte - part

pasa - it passes

pasan - they pass

(hace una) pausa - s/he pauses

payaso - clown

pensando - thinking

pensarlo - to think about it

perfecta - perfect

perfecto - perfect

permite - s/he permits

permitiría - s/he would permit

pero - but

persona - person

picó - it stung

piensa - s/he thinks

piensan - they think

pienso - I think

plan(es) - plan(s)

poco - a little; few

pocos - few

por - for

porque - because

(el) porqué - (the) reason why

posibilidades - possibilities

posible - possible

posiblemente - possibly

positivas - positive

precauciones - precautions

prefiero - I prefer

pregunta - s/he asks

(se) pregunta - s/he asks him/herself, s/he wonders

preguntan - they ask

preguntas - questions

prepara - s/he prepares

preparada - prepared

preparan - they prepare

presentarles - to present to them

privado - private

privilegio(s) - privilege(s)

probable - probable

probablemente - probably

problema(s) - problem(s)

problemáticos - problematic

producción - production

profesor - professor

prometo - I promise

puede - s/he can

puedes - you can

puedo - I can

Q

que - that

qué - what
quería - s/he wanted
querías - you wanted
(que) quiera - (that) s/he wants
quiere - s/he wants
quieren - they want
quieres - you want
quiero - I want

R

rápidamente - quickly
rápido - quick
real - real
realmente - really
recibe - s/he receives
recibí - I received
recibió - s/he received
recibir - to receive
recibiste - you received
regresa - s/he returns
regresar - to return
relacionada - related
repite - s/he repeats
reputación - reputation
responde - s/he responds
respondió - s/he responded
respondiste - you responded

responsable - responsible
resto - rest
revelados - revealed
revelar - to reveal
(que) revele - (that) s/he reveal
robando - stealing
robar - to steal

S

sale - s/he leaves
saliendo - leaving
salió - s/he left
salir - to leave
satisfecho - satisfied
(que) sea - (that) s/he is
(que) sean - (that) they are
secretaria - secretary
secreto(s) - secret(s)
semestral - semester
señor - sir
señora - ma'am, Mrs.
séptimo - seventh
ser - to be
seria - serious
serio(s) - serious
sesiones - sessions
severas - severe

shock - shock

si - if

sí - yes

silencio - silence

silenciosamente - silently

sincera - sincere

situación - situation

sobre - about

solo - only

sorprendida - surprised

sorprendido(s) - surprised

sorpresa - surprise

sospecha - s/he suspects, is suspicious of

(con) sospecha - (with) suspicion

sospechan de - they suspect, are suspicious of

sospechosa - suspicious

sospechosamente - suspiciously

sospechoso - suspicious

soy - I am

Sra. - Mrs.

su(s) - his; her; their

suficientes - sufficient, enough

súper - super

suspendido - suspended

suspensión - suspension

T

talento - talent

también - also

te - you; to you

teléfono - phone

tener - to have

(que) tenga - (that) s/he have

tengo - I have

tenía - s/he had

tenías - you had

tensa - tense

termina - s/he finishes; it ends

terminan - they finish

texto(s) - text(s)

ti - you

tiene - s/he has

tienen - they have

tienes - you have

tímida - timid, shy

tímidamente - timidly, shyly

tímido - timid, shy

titulado - titled

toda(s) - all; everything; everyone

todavía - still; yet

todo(s) - all; everything; everyone

tolerable - tolerable

trampa - cheating
tramposo - cheater
treinta - thirty
tu - your
tú - you
tutor - tutor
tutoría - tutoring

U

un - a; an; one
una - a; an; one
uno - one
unos - some

V

va - s/he goes
vamos - we go; let's go
van - they go
varias - various; several
varios - various; several
vas - you go
versión - version
versiones - versions
video - video
voy - I go
voz - voice

Y

y - and
ya - already; now
yo - I